Der Mann, der die Erde erschütterte

Arthur Cheney Train, Robert Williams Wood

Writat

Diese Ausgabe erschien im Jahr 2023

ISBN: 9789359253060

Herausgegeben von
Writat
E-Mail: info@writat.com

Inhalt

PROLOG

Bis zum 1. Juli 1916 waren alle zivilisierten Nationen der Welt in den Krieg verwickelt, mit Ausnahme der Vereinigten Staaten Nord- und Südamerikas, denen es bis zu diesem Zeitpunkt gelungen war, ihre Neutralität aufrechtzuerhalten. Belgien, Holland, Dänemark, die Schweiz, Polen, Österreich, Ungarn, die Lombardei und Serbien waren verwüstet worden. Fünf Millionen erwachsene männliche Menschen waren durch Kriegsmaschinen, Krankheiten und Hungersnöte ausgerottet worden. Zehn Millionen waren verkrüppelt oder invalid. Fünfzehn Millionen Frauen und Kinder waren zu Witwen oder Waisen geworden. Industrie gab es keine. Es wurden keine Feldfrüchte geerntet oder gesät. Der Ozean war ohne Segel. Im gesamten europäischen Christentum waren Frauen als Feldarbeiter, Arbeiterinnen , Mechanikerinnen, Kaufleute und Fabrikanten an die Stelle der Männer getreten. Die zusammengefassten Schulden der beteiligten Nationen in Höhe von mehr als 100.000.000.000 US-Dollar hatten die Welt in den Bankrott getrieben. Doch die hungernden Armeen schlachteten sich weiterhin gegenseitig ab.

Sibirien war ein riesiges Beinhaus von Tataren, Chinesen und Russen. Nordafrika war ein Holocaust. Im Umkreis von sechzig Meilen um Paris befand sich eine Armee von zwei Millionen Deutschen, während drei Millionen Russen Berlin besetzt hatten. In Belgien stand eine englische Armee von 850.000 Mann einer gleichstarken Streitmacht aus Preußen und Österreichern gegenüber, von denen keiner den Schritt in die Offensive wagte.

Der durch die Erfordernisse des Krieges angeregte Erfindergeist der Menschheit hatte eine Vielzahl tödlicher Mechanismen hervorgebracht, von denen die meisten wiederum durch eine Gegenerfindung einer anderen Nation unwirksam gemacht worden waren. Drei dieser Produkte des menschlichen Gehirns blieben jedoch unneutralisiert und waren zum großen Teil für die Sackgasse verantwortlich, in der sich die feindlichen Armeen befanden. Einer davon hatte die Kriegsführung im Feld revolutioniert, und die anderen beiden hatten die beiden wichtigsten Faktoren des Vorfeldfeldzugs zerstört – das Flugzeug und das U-Boot. Die deutschen Luftschiffe waren alle innerhalb der ersten zehn Kriegsmonate bei ihrem großen Überfall über den Ärmelkanal durch Pathé- Kontaktbomben vernichtet worden, die hochfliegende französische Flugzeuge an den Enden von Drähten hinter sich herzogen. Dies war natürlich von Anfang an vom französischen Kriegsministerium zuversichtlich vorhergesagt worden. Aber im November 1915 waren sowohl die alliierten als auch die deutschen Luftflotten durch Federstons Wirbelkanonen aus den Wolken gefegt worden, die einen wirbelnden Luftring in eine Höhe von über 1500 Metern projizierten und das Flugzeug so mitten am Himmel zusammendrücken ließen viele Schmetterlinge in einem Simoon.

Die zweite dieser bedeutsamen Erfindungen war Kapitän Barlows Vorrichtung zur Zerstörung der Periskope von U-Booten, wodurch sie blind und hilflos wurden. Sobald solche Schiffe an die Oberfläche gezwungen wurden, konnten sie leicht durch Gewehrfeuer zerstört oder in einen düsteren Zufluchtsort in schützenden Häfen getrieben werden .

Die dritte und vielleicht wichtigste Erfindung waren Dufays Stickstoffjodid-Pellets, die, wenn sie mit pneumatischen Kanonen auf die Abhänge eines Schlachtfeldes, auf den Boden außerhalb von Verschanzungen oder rund um das Glacis einer Festung gesät wurden, die Annäherung einer angreifenden Armee unmöglich machten die Position uneinnehmbar. Diese Pellets, die nur die Größe von Vogelschrot Nr. 4 hatten und ohne Luftkontakt harmlos waren, wurden zwei Minuten, nachdem sie auf dem Boden verstreut worden waren, hochexplosiv, und jede Reibung löste sie mit ausreichender Kraft aus, um die Knochen zu brechen oder zu verrenken des menschlichen Fußes oder um das Bein eines Pferdes außer Betrieb zu setzen. Beim Versuch, sich wegzubewegen, erlitt das Opfer zwangsläufig weitere und schwerere Verletzungen, und den Verletzten konnte keine Hilfe geleistet werden, da es unmöglich war, sie zu erreichen. Ein mit solchen Pellets bepflanzter Feldbrunnen stellte eine unüberwindbare Barriere für Infanterie und Kavallerie dar, und daher war jeder Angriff auf eine befestigte Stellung zum Scheitern verurteilt. Allein durch eine Überraschung konnte ein General damit rechnen, einen Sieg zu erringen. Der Offensivkrieg war nahezu zum Erliegen gekommen.

Deutschland hatte Holland, Dänemark und die Schweiz erobert. Italien hatte Dalmatien und das Trentino annektiert; und aus dem ehemaligen Ungarn, Kroatien, Bosnien, Herzegowina, Serbien, Rumänien , Montenegro, Albanien und Bulgarien war eine neue slawische Republik entstanden. Die Türkei war von der Landkarte Europas verschwunden; während die Vereinigten Staaten von Südamerika, bestehend aus den spanischsprachigen südamerikanischen Republiken, gegründet worden waren. Die Sterblichkeit betrug weiterhin durchschnittlich zweitausend pro Tag, davon 75 Prozent. war auf Hunger und die Pest zurückzuführen. Der Seehandel war völlig zum Erliegen gekommen, und als Folge davon verrotteten die Handelsschiffe aller Nationen in den Docks.

Der Kaiser von Deutschland und die Könige von England und Italien hatten alle freiwillig zugunsten einer republikanischen Regierungsform abgedankt. Europa und Asien waren in Panik geraten, hysterisch vor Angst und Blut. Versuchen Sie ebenso, ein Rudel verrückter und kämpfender Hunde zu beruhigen, wie diese rasenden Myriaden mit ihren halb verrückten Generälen. Sie, diese Armeen, lagen über dem schönen Schoß der Erde wie sterbende Monster, purpurrot in ihrem eigenen Blut, aber immer noch in der Lage, sich nach oben zu winden und jedem anderen, der sich näherte, den Tod zuzufügen. Sie befanden sich in einer Sackgasse, doch jeder fürchtete sich davor, die ersten Friedensangebote zu machen. Tatsächlich gab es nicht einmal mehr eine englische oder eine deutsche Nation. Es war eine Mordorgie, bei der die Besten der Menschheit mutwillig vernichtet wurden und nur die Schwachen, Schwachsinnigen, Deformierten und Leistungslosen zurückblieben, um die Rasse aufrechtzuerhalten.

ICH

Es war drei Minuten nach drei Postmeridianen im Operationssaal der neuen Funkstation, die kürzlich am United States Naval Observatory in Georgetown installiert wurde. Bill Hood, der Telefonist am Nachmittag, saß in Hemdsärmeln, die Hörer an den Ohren, rauchte eine Maiskolbenpfeife und wartete auf einen Anruf vom Flaggschiff der North Atlantic Patrol, dem *Lincoln* , mit dem er irgendwo in der Nähe von Hatteras in Verbindung gestanden hatte ein paar Augenblicke vorher. Die Luft war ruhig.

Hood war ein dicker Mann und natürlich gutmütig; aber er nahm seine Arbeit ernst und hasste alle störenden Amateure. In letzter Zeit waren diese drahtlosen Schädlinge besonders lästig geworden, da praktisch alles in Code gesendet wurde und sie nichts hatten, womit sie sich beschäftigen konnten. Aber es war ein heißer Tag und keiner von ihnen schien bei der Arbeit zu sein. Auf einer Seite seines Schreibtisches zeigte ein hohes Thermometer an, dass die Temperatur im Raum 91 Grad Fahrenheit betrug; Auf der anderen Seite tickte eine große Uhr, die über ein kompliziertes System aus Messingstangen und -drähten mit einem fremden Mechanismus verbunden war, die Minuten und Sekunden mit einem eigenartigen metallischen Selbstbewusstsein, als wäre sie sich ihrer eigenen Bedeutung als offizielle Uhr bewusst soweit es eine offizielle Uhr für die gesamten Vereinigten Staaten von Amerika gab.

Hood testete von Zeit zu Zeit seine Konverter und Detektoren und nahm dann seine inoffizielle Studie über die Abenteuer eines großen Detektivs wieder auf, der den verwirrenden Verbrecher mit Hilfe aller neuesten wissenschaftlichen Entdeckungen verfolgte. Hood hielt es für gutes Zeug, obwohl er natürlich gleichzeitig wusste, dass es Fäulnis war. Er war ein praktisch veranlagter Mann mit wenig Vorstellungskraft, und obwohl ihn der Detektiv nicht besonders interessierte, gefiel ihm der wissenschaftliche Teil der Geschichten. Er war sparsam, schottisch-irischer Abstammung und hatte um zwei Minuten nach drei noch nie in seinem Leben ein Abenteuer erlebt. Um drei Minuten nach drei begann er seine Karriere als einer der Berühmtheiten der Welt.

Als der Minutenzeiger der offiziellen Uhr in seinen Schlitz fiel, rief jemand das Marineobservatorium an. Der Ruf war so leise, dass er kaum zu hören war, obwohl Hoods Instrument auf eine Dreitausender-Welle eingestellt war . Da er ganz natürlich davon ausging, dass die anrufende Person eine kürzere Welle hatte, schaltete er nach und nach die Induktivität seines Empfängers ab; Aber der Ton verstummte völlig, und er kehrte zu seiner ursprünglichen Induktivität zurück und schaltete seinen Kondensator ein, woraufhin der Ruf sofort lauter wurde. Offensichtlich benutzte der andere eine große Welle, größer als Georgetown.

Hood zog die Brauen zusammen und sah sich um. Auf einem Regal über seinem Instrument lag eine der neuen Ballastspulen, die Henderson für die langen Wellen von Blitzen verwendet hatte, und er beugte sich vor, schloss die schwere Spirale aus eng gewickeltem Draht an und warf sie in seinen Stromkreis. Sofort sprachen die Telefone so laut, dass er den schrillen Schrei des Funkens sogar von dort aus hören konnte, wo die Hörer neben ihm auf dem Tisch lagen. Er befestigte sie schnell an seinen Ohren und lauschte. Das Geräusch war klar, scharf und metallisch und weitaus höher als der Ruf eines Schiffs. Es konnte nicht der *Lincoln sein* .

"Von Gummi!" murmelte Hood. „Dieser Kerl muss eine Wellenlänge von zwölftausend Metern und dahinter fünfzig Kilowatt haben, klar! Es gibt keine andere Station auf der Welt, aber diese kann ihn aufnehmen!"

„NAA-NAA-NAA", kam der Ruf.

Er warf seinen Rheostat ein, antwortete mit einem „ OK " und wartete erwartungsvoll mit dem Bleistift in der Hand. Einen Moment später ließ er angewidert seinen Bleistift fallen.

„Nur ein weiterer Käfer!" bemerkte er laut zum Thermometer. „Müsste vergiftet sein! Aber was für ein Wal mit einer Wellenlänge!"

Mehrere Minuten lang hörte er aufmerksam zu, denn der Amateur sendete eindringlich und wiederholte alles zweimal, als ob er es ernst meinte.

„Er ist wirklich ein lustiger Witzbold", murmelte Hood, diesmal auf die Uhr bezogen. „Muss ziemlich schwer sein, etwas zu tun!"

Dann lachte er laut und nahm den Bleistift wieder zur Hand. Dieser Amateur, wer auch immer er war, war fast so gut wie seine Detektivgeschichte. Der „Käfer" rief erneut das Marineobservatorium an und begann zum dritten Mal, seine gesamte Nachricht zu wiederholen.

„An die ganze Menschheit" – er wandte sich bescheiden an sich selbst – „An die ganze Menschheit – An die ganze Menschheit – Ich bin der Diktator – des menschlichen Schicksals – Durch die Rotation der Erde – Ich kontrolliere – Tag und Nacht – Sommer und Winter – Ich befehle die – Beendigung." der Feindseligkeiten und – die Abschaffung des Krieges auf dem Globus – Ich ernenne die – Vereinigten Staaten – zu meinem Agenten für diesen Zweck. Als Beweis meiner Macht werde ich die Länge des Tages – von Mitternacht bis Mitternacht – am Donnerstag, dem 22. Juli, verlängern , um den Zeitraum von fünf Minuten. – PAX .

Nachdem der lustige Witzbold seine außergewöhnliche Botschaft an die ganze Menschheit wiederholt hatte, hörte er auf zu senden.

„Nun, ich werde gehängt!" keuchte Bill Hood. Dann zog er seinen Magnetdetektor auf und schickte eine Antwort in den Äther.

„Können – das – lustige – Zeug!" er schnappte. „Und schalten Sie aus – oder wir entziehen Ihnen Ihre Lizenz!"

„Was für eine Frechheit!" Er grunzte, faltete das gelbe Blatt Blockpapier zusammen, auf dem er die Botschaft an die ganze Menschheit niedergeschrieben hatte, und steckte es als Markierung in sein Buch. „Alle Narren sind noch nicht tot!"

Dann nahm er den *Lincoln* und machte sich an die eigentliche Arbeit. Der „Käfer" und seine Botschaft verschwanden aus dem Gedächtnis.

II

Am darauffolgenden Donnerstagnachmittag blieb ein schwitzender und staubiger Fremder aus St. Louis, der um zwei Uhr müde durch den Central Park in New York City stapfte und das Metropolitan Art Museum als Ziel hatte, stehen, um das Museum mit einigem Interesse zu betrachten Obelisk, bekannt als Kleopatras Nadel. Die Hitze stieg in schimmernden Wellen vom Asphalt der Fahrbahn auf, aber der Fremde war an Hitze gewöhnt und erfüllte gewissenhaft seine Pflicht, New York zu sehen. Gegenüber dem Museum setzte er sich auf eine Bank im Schatten eines verblühten Hartriegels und wischte sich die Feuchtigkeit aus den Augen. Die Blendung der ungeschützten Boulevards war grandios. Unter diesen etwas ungünstigen Bedingungen war er damit beschäftigt, das Denkmal der vergangenen Pracht Ägyptens zu studieren, als er ein leichtes Ziehen verspürte. Es war undefinierbar und hatte keine visuelle Begleiterscheinung. Aber es war, als ob die Bremsen eines Pullman-Zugs sanft betätigt würden. Er war der einzige Mensch in der Nachbarschaft ; nicht einmal ein Polizist war zu sehen; und die Erfahrung löste in ihm ein unheimliches Gefühl aus. Dann stürzte zu seinem Erstaunen die Nadel der Kleopatra langsam von ihrem Sockel und fiel krachend auf die Fahrbahn. Zuerst hielt er es für eine optische Täuschung und wischte sich erneut über die Augen, aber es war nichts dergleichen. Das Denkmal, das einen Moment zuvor noch auf den Zenit gerichtet war, lag jetzt in drei Stücke zerschmettert auf dem weicher werdenden Beton der Auffahrt. Der Fremde stand auf und untersuchte die Fragmente des Monolithen, von denen eines direkt auf der anderen Straßenseite lag und jeden Durchgang versperrte. Rund um den Sockel lagen verstreut kleine Stücke zerbrochenen Granits, und nachdem er sich vorsichtig umgesehen hatte, wählte er sorgfältig eines aus und steckte es in seine Tasche.

"Meine Güte!" flüsterte er vor sich hin, während er zur Fifth Avenue eilte. „Das wird nur etwas sein, was man ihnen zu Hause erzählen kann ! Was, Bill?"

Das schleppende Gefühl, das der Tourist aus St. Louis verspürte, wurde von vielen Millionen Menschen auf der ganzen Welt gespürt, aber da es in den meisten Ländern gleichzeitig mit starken Erdbeben und Erschütterungen auftrat , blieb es größtenteils unbemerkt, da es sich um eine spezifische, individuelles Phänomen.

Hood hörte im Funkraum von Georgetown plötzlich in seinen Empfängern ein Brüllen wie das von Niagara und entfernte es schnell aus seinen Ohren. Eine solche Statik hatte er noch nie gekannt. Er war mit elektrischen Störungen im Äther vertraut, aber diese überstiegen seine Erfahrung. Als er das nächste Mal versuchte, seine Instrumente zu benutzen , stellte er außerdem fest, dass irgendetwas den gesamten Apparat außer Betrieb gesetzt hatte. Etwa eine Stunde später verspürte er einen deutlichen Druck im Trommelfell, der nach und nach nachließ. Das Radio verweigerte fast acht Stunden lang den Dienst und war immer noch widerspenstig, als er um sieben Uhr aus dem Dienst ging. Er hatte das Beben der Erde um Washington nicht gespürt, und da er ein einfallsloser Mann war , akzeptierte er die anderen Tatsachen der Situation philosophisch. Die Statik würde vorübergehen, und dann würde Georgetown wieder mit dem Rest der Welt kommunizieren, das war alles. Um sieben Uhr kam die Nachtschicht, und Hood lieh sich von ihm eine Pfeife Tabak und zog seinen Mantel an.

„Sag mal, Bill, hast du den Schock gespürt?" fragte der Schichtarbeiter, hängte seinen Hut auf und nahm Hood ein Streichholz ab.

„Nein", antwortete dieser, „aber die Statik hat die Maschine auf den Kopf gestellt. In etwa einer Stunde wird sie wieder zu sich kommen. Die Luft ist voller Ionen. Schock, hast du gesagt?"

„Sicher. Hatte sie im ganzen Land. Sagen wir, die Jungs vom magnetischen Observatorium behaupten, ihr Kompass habe sich nach Osten und Westen statt nach Norden und Süden verschoben und sei fünf Minuten lang so geblieben. Haben Sie den Luftdruck nicht gespürt? Ich Ich sollte mir keine Sorgen machen! Und sagen wir mal, ich bin gerade ins Büro der Meteorologischen Abteilung gegangen und habe auf das Barometer geschaut. Sie ist in etwa zwei Sekunden um einen halben Zoll nach oben gesprungen, hat sich etwas herumgewälzt und ist dann wieder in den Normalzustand zurückgekehrt. Sie können die Kurve selbst sehen wenn Sie Fraser bitten, Ihnen den selbstregistrierenden Barographen zu zeigen. Einige tun das , sage ich Ihnen!"

Er nickte mit einer wichtigen Miene.

„Glauben Sie mir", antwortete Hood emotionslos, abgesehen von einer leichten Verärgerung über die Arroganz des anderen, überlegene Informationen zu haben. „Es ist nicht das erste Mal seit der Schöpfung, dass es ein Erdbeben gibt." Und er schlenderte hinaus und schwang sich zu den Türen hinter ihm.

Der Nachtschichtler ließ sich mit einem Ausdruck trüber Resignation vor den Instrumenten nieder.

„Sagen Sie", murmelte er laut, „Sie könnten diesen Kerl nicht mit einer 13-Zoll-Bombe erschüttern! Er würde sich nicht einmal reiben!"

Hood kaufte inzwischen eine Abendzeitung und ging langsam zu dem Viertel, in dem er lebte. Es war ein schöner Abend und es herrschte keine besondere Aufregung auf den Straßen. Seine Frau öffnete die Tür.

„Nun“, begrüßte sie ihn, „ich bin froh, dass du endlich nach Hause gekommen bist. Ich hatte große Angst, dass dir etwas passiert sein könnte. So ein Zittern und Rumpeln und Rasseln habe ich noch nie gehört! Hast du es gespürt?“

„Ich habe nichts gespürt !“ antwortete Bill Hood. „ Jemand sagte, es gäbe einen Schock, das war alles, was ich darüber gehört habe. Die Maschine ist aus dem Gleichgewicht geraten.“

„Sie werden dir doch nicht die Schuld geben, oder?“ sie fragte besorgt.

„Wetten, dass das nicht der Fall sein wird!“ er antwortete. „Schau her, ich habe Hunger. Sind die Waffeln fertig?“

„Haben Sie sie im Handumdrehen!“ Sie lächelte. „Gehen Sie rein und lesen Sie Ihre Zeitung.“

Er tat, was ihm gesagt wurde, und setzte sich in einen Schaukelstuhl unter dem Gaslicht. Nachdem er die Baseball -Nachrichten durchgelesen hatte , wandte er sich wieder der Titelseite zu. Es handelte sich um eine ziemlich späte Ausgabe, die aktuelle telegrafische Notizen enthielt. In der mittleren Spalte stand neben der Ankündigung der Vernichtung von drei ganzen schlesischen Regimentern durch die Explosion von Nitroglycerin, das in Scheinlafetten verborgen war, Folgendes:

CLEOPATRAS NADEL FÄLLT

ERDBEBEN ZERSTÖRT BERÜHMTES DENKMAL

SCHOCKS WAREN HIER UND ÜBERALL IN DEN USA ZU SPÜREN

Washington wurde am frühen Nachmittag von einer Reihe von Erdbeben heimgesucht, die in unterschiedlicher Stärke in den gesamten Vereinigten Staaten und Europa zu spüren waren. Der Schaden ist gering, aber diejenigen, die Büros in hohen Gebäuden haben, haben eine unangenehme Erfahrung gemacht, die sie so schnell nicht vergessen werden. Ein besonderes Phänomen, das diese seismische Störung begleitete, war die Schwankung der Magnetnadel um über achtzig Grad von Nord nach Ost und ein außergewöhnlicher Anstieg und Abfall des Barometers. Aufgrund der Ionisierung der Atmosphäre musste jegliche drahtlose Kommunikation eingestellt werden und war bis zum Redaktionsschluss dieser Ausgabe nicht wieder aufgenommen worden. Telegramme über Colon berichten über ähnliche Unruhen in Südamerika. In New York wurde das als „Cleopatra's Needle“ bekannte Denkmal im Central Park von seinem Sockel geworfen und in drei Teile zerbrochen. Der Vertrag für die Reparatur und den Austausch wurde bereits vermietet. Das berühmte Denkmal war ein Geschenk des Khediven von Ägypten an die Vereinigten Staaten und stand früher in Alexandria. Der verstorbene William H. Vanderbilt trug die Kosten für den Transport in dieses Land.

Bill Hood las dies mit geringem Interesse. Die Giants hatten den Pitcher der Braves aus dem Strafraum geworfen, und ein Erdbeben schien eine Kleinigkeit zu sein. Seine Gedanken kehrten kein einziges Mal zu der mysteriösen Nachricht von Pax vom Tag zuvor zurück. Er dachte an etwas viel Wichtigeres.

„Sag mal, Nellie", verlangte er und warf das Papier ungeduldig beiseite, „ sind die Waffeln noch nicht fertig?"

III

Am selben Abend, Donnerstag, dem 22. Juli, saßen zwei Astronomen des Marineobservatoriums im Halbdunkel des Meridiankreisraums und beobachteten, wie das Firmament langsam über die Öffnung der riesigen Linse strich. In der Kammer war es so still wie im Grab, und die beiden Männer sprachen kaum miteinander, während sie ihre Beobachtungen notierten. Paris könnte eingenommen, Berlin dem Erdboden gleichgemacht, London in Brand gesteckt werden; eine Million Menschen könnten in die Ewigkeit geschleudert werden, oder die Schreie verstümmelter Kreaturen könnten in Haufen liegen, bevor mit Kugeln übersäte Stacheldrahtverflechtungen die Sommernacht zerreißen; Große Linienschiffe könnten untergehen und ihre Besatzungen mit sich reißen; und die Toten zweier Kontinente verrotten unbestattet – doch ungerührt würden die Sterne ihren nächtlichen Marsch über den Himmel fortsetzen, grausamer Tag würde auf erbarmungslose Nacht folgen und die sorglose Erde ihrer gewohnten Umlaufbahn folgen, als würde sich die Rasse nicht in ihrem Todeskampf winden. Beim Blick in die Unendlichkeit des Weltraums schien die menschliche Existenz nur der Abschaum auf einem Regenteich , die Kriegsführung der Menschen nichts weiter als die Raserei der Insektenfresser . Ohne Rücksicht auf die hungernden Horden von Paris und Berlin, das von der Pest heimgesuchte Russland oder die ertrunkenen Tausenden der nordbaltischen Flotte, studierten diese beiden Männer ruhig die Prozession der Sterne – die Vorwärtsbewegung des Universums durch den Weltraum und die Spektren von neugeborenen oder sterbenden Welten.

Es war eine drückend heiße Nacht und ihre Stirn stank nach Schweiß. Dunkle Formen an den Wänden des Raumes deuteten darauf hin, dass es sich tagsüber um ein Gewirr von Uhrwerken und Aufnahmegeräten handelte, die durch Elektrizität mit verschiedenen Knöpfen und Schaltern auf dem Tisch verbunden waren. Der Bruder der großen Uhr im drahtlosen Operationssaal hing in der Nähe, sein Zifferblatt wurde von einer winzigen elektrischen Lampe beleuchtet und zeigte die Stunde elf Uhr fünfzig an. Gelegentlich machte der Jüngere mit leiser Stimme eine Bemerkung, und der Ältere schrieb etwas auf eine Karte.

„Das ‚Sehen‘ ist heute Abend schlecht", sagte Evarts, der jüngere Mann. „Die obere Luft ist voller Schlieren und obwohl es wie eine klare Nacht scheint, sieht alles düster aus – wahrscheinlich ein vulkanischer Dunst. Vielleicht sind die Aleuten wieder in Eruption."

„Sehr wahrscheinlich", antwortete Thornton, der ältere Astronom. „Die Erschütterungen heute Nachmittag würden auf etwas in der Art hinweisen."

„Merkwürdige Leistung der Magnetnadel. Man sagt, sie hielt mehrere Minuten lang genau nach Osten“, fuhr Evarts fort und hoffte, seinen Vorgesetzten in ein Gespräch zu verwickeln – was, wie er genau wusste, fast unmöglich war.

Thornton antwortete nicht. Er beobachtete aufmerksam die winzige Annäherung eines bestimmten Sterns an die Meridianlinie, die durch einen Faden über der Kreisöffnung markiert war. Wenn dieser Lichtpunkt den Faden kreuzen würde, wäre es Mitternacht und der 22. Juli 1916 wäre für immer vorbei. Jede Mitternacht kreuzten die anzeigenden Sterne den Faden genau zur richtigen Zeit, jede Nacht ein wenig früher als in der Nacht zuvor, und zwar um einen bestimmten und berechenbaren Betrag, aufgrund des Marsches der Erde um die Sonne. Seit der Erfindung von Uhren und Teleskopen hatte man also in jedem Observatorium die Grenzen überschritten. Ganz gleich, welche Naturkatastrophe eingetreten war, der Stern hatte die Grenze bislang immer nicht eine Sekunde zu früh oder eine Sekunde zu spät, sondern genau rechtzeitig überschritten. Es war das einzig vorhersehbare Ding, das durch eine einfache mathematische Berechnung für zehn oder zehntausend Jahre vorhersehbar war . Es war sicherer als der Tod oder der Steuermann. Es war absolut.

Thornton war ein zurückhaltender Mann mit wenigen Worten – unpersönlich, methodisch, ernst. Er verbrachte dort viele Nächte mit Evarts, wechselte kaum ein Wort mit ihm und auch dann nur über etwas, das unmittelbar mit ihrer Arbeit zu tun hatte. Evarts konnte undeutlich sehen, wie sich sein langes, ernstes Profil über sein Okular beugte, eingehüllt in die schweren Schatten auf dem Tisch. Er empfand großen Respekt und sogar Zärtlichkeit für diesen schweigsamen, prinzipientreuen und hingebungsvollen Wissenschaftler. Er hatte ihn noch nie aufgeregt gesehen, kaum jemals erregt. Er war ein Mann der Figuren, dessen einzige Leidenschaft die „Musik der Sphären“ zu sein schien.

Es folgte eine lange Stille, in der Thornton sich intensiver denn je über sein Okular zu beugen schien. Der Zeiger der großen Uhr glitt nach und nach auf Mitternacht.

„Mit der Uhr stimmt etwas nicht“, sagte Thornton plötzlich und seine Stimme klang seltsam trocken, fast unnatürlich. „Telefonieren Sie für die Zeit mit dem äquatorialen Raum.“

Evarts war verwirrt über Thorntons Verhalten und tat, was ihm aufgetragen wurde .

„Vierzig Sekunden nach Mitternacht“, kam die Antwort des Äquatorialbeobachters.

Evarts wiederholte die Antwort zu Thorntons Gunsten und blickte gleichzeitig auf ihre eigene Uhr. Es zeigte genau vierzig Sekunden nach der vollen Stunde an. Er hörte, wie Thornton so etwas wie einen Eid unterdrückte.

„Da ist etwas los!" wiederholte Thornton stumm. „Aeta ist nicht mehr als fünf Minuten von der Überfahrt entfernt. Beide Uhren können nicht falsch sein!"

Er drückte einen Knopf, der eine Verbindung zum drahtlosen Raum herstellte.

"Wie viel Uhr ist es?" rief er scharf durch das vernickelte Sprechrohr.

„Fünfundvierzig Sekunden nach der vollen Stunde", kam die Antwort. Dann: „Aber ich möchte Sie sehen, Sir. Da ist etwas Merkwürdiges im Gange. Darf ich reinkommen?"

"Kommen!" schrie Thornton fast.

Einen Moment später erschien das gerötete Gesicht von Williams, dem Nachtvermittler, in der Tür.

„Entschuldigen Sie, Sir", stammelte er, „aber es muss etwas Schlimmes passiert sein! Ich dachte, Sie sollten es wissen. Der Eiffelturm versucht seit über zwei Stunden, mit uns zu sprechen, aber ich verstehe nicht, was er sagt. "

„Was ist los – Atmosphäre?" schnappte Evarts.

„Nein, die Luft *war* voll von ihnen, Sir – sie kreischten mit ihnen, könnte man sagen; aber sie haben jetzt aufgehört. Das Problem war, dass ich von der Brüsseler Station gestört wurde, als ich mit Belgisch-Kongo sprach – gleiche Wellenlänge – und ich konnte Brüssel nicht ausschalten. Hin und wieder bekam ich ein Wort von dem, was Paris sagte, und es war immer das gleiche Wort – „ *heure* ". Aber gerade hat Brüssel aufgehört zu senden und ich habe die vollständige Nachricht vom Eiffelturm erhalten. Sie wollten wissen, wie spät es in Greenwich ist sie sofort———"

Der normalerweise ruhige Thornton atmete heftig und sein Gesicht war wütend. „Aeta hat gerade gestritten – es sind noch fünf Minuten! Evarts, bin ich verrückt? Rede ich klar?"

Evarts legte seine Hand auf den Arm des anderen.

„Das Erdbeben hat Ihren Transit lahmgelegt", schlug er vor.

„Und Paris – wie wäre es mit Paris?" fragte Thornton. Er schrieb mechanisch etwas auf eine Karte und ging zur Tür. „Hol mir den Eiffelturm!" er befahl Williams.

Die drei Männer standen regungslos da, während der Funker den Eiffelturm-Anruf über den Atlantik schickte:

„ETA – ETA – ETA.“

„In Ordnung“, flüsterte Williams, „ich habe sie .“

„Sagen Sie Paris, dass unsere Uhren nach dem Meridian alle fünf Minuten vorüber sind.“

Williams betätigte schnell die Taste und lauschte dann.

„Der Eiffelturm sagt, dass auch ihre Chronometer zur gleichen Zeit ausgefallen zu sein scheinen, und dass Greenwich und Moskau beide das Gleiche melden. Moment mal! Er sagt, Moskau habe gestern Abend um acht Uhr ein gewaltiges Polarlicht von verkabelt im Nordwesten war helles gelbes Licht zu sehen und ihre Spektroskope zeigten nur die Heliumlinie. Er möchte wissen, ob wir eine Erklärung dafür haben …“

"Erläuterung!" keuchte Evarts. „Sagen Sie Paris, dass wir hier Erdbebenschocks zusammen mit heftigen seismischen Bewegungen, einem plötzlichen Anstieg des Barometers, gefolgt von einem Abfall, Statik und unregelmäßigen Schwankungen der Magnetnadel hatten.“

"Was soll das alles heißen?" murmelte Thornton und starrte den jüngeren Mann ausdruckslos an.

Der Schlüssel klapperte und der rotierende Funke heulte zu einem Kreischen auf. Dann Stille.

„Paris sagt, dass die gleichen Manifestationen in Russland, Algerien, Italien und London beobachtet wurden“, rief Williams. „Ah! Was ist das? Nauens Berufung.“ Wieder ließ er die blaue Flamme zwischen den Spulen knistern. „ Nauen meldet einen Fehler von fünf Minuten in ihren Meridianbeobachtungen gemäß den offiziellen Uhren. Und hallo! Er sagt, Berlin habe kapituliert und die Russen hätten bei Tageslicht begonnen, durchzumarschieren – also vor etwa zwei Stunden. Er sagt, er werde gleich umkehren Übergabe der Station an die alliierten Kommissare, die sofort die Leitung übernehmen werden.

Evarts pfiff.

"Wie wäre es?" fragte er Thornton.

Letzterer schüttelte ernst den Kopf.

„Es könnte – erklärbar – sein, oder“, fügte er heiser hinzu, „es könnte das Ende der Welt bedeuten.“

Williams sprang von seinem Stuhl auf und stellte Thornton zur Rede.

"Wie meinst du das?" er hätte fast geschrien.

„Vielleicht ist das Universum am Ende!“ sagte Evarts beruhigend. „Behalte es auf jeden Fall für dich, alter Junge. Wenn die Schablone oben ist, hat es keinen Sinn, die Leute einen Monat oder so zu früh zu Tode zu erschrecken!“

Thornton ergriff jeden von ihnen am Arm.

„Kein Wort davon an irgendjemanden!“ murmelte er durch zusammengepresste Lippen. „Absolute Stille, sonst bricht die Hölle auf Erden aus!“

IV

Freie Übersetzung des Amtlichen Berichts der Reichskommission der Berliner Akademie der Wissenschaften an die Reichskommissare der Deutschen Bundesländer:

Die beispiellosen kosmischen Phänomene, die sich am 22. und 27. Tag des Monats Juli ereigneten und auf der gesamten Erdoberfläche zu spüren waren, haben einen bleibenden Einfluss dieser Größenordnung auf die Position der Erdachse im Raum und deren Dauer hinterlassen Aufgrund der Rotationsperiode ist es zum jetzigen Zeitpunkt unmöglich, die endgültigen Änderungen oder Modifizierungen der klimatischen Bedingungen vorherzusagen, die sich daraus ergeben könnten. Diese Kommission hat die möglichen Ursachen, die für diese Katastrophe (*Weltunfall*) verantwortlich sein könnten, sorgfältig geprüft und ist nun in der Lage, durch die Eliminierung aller Hypothesen, die nicht in der Lage waren, alle verschiedenen Unruhen zu erklären, zwei Theorien vorzulegen, eine davon Dies scheint geeignet zu sein, die jüngsten Unruhen zu erklären.

Die betreffenden Phänomene lassen sich kurz wie folgt zusammenfassen:

1. DIE GELBE AURORA . In Nordeuropa erschien dies plötzlich in der Nacht des 22. Juli als breites, schwaches Bündel – (*Lichtbündel*) – klaren gelben Lichts am Westhimmel. Berichte aus Amerika zeigen, dass es bei Washington im Norden als schmaler Lichtstrahl erschien, der in einem Winkel von etwa dreißig Grad zum Horizont geneigt war und nach Osten abschoss. In der Nähe des Horizonts war es extrem hell, und das Spektroskop zeigte, dass das Licht von leuchtendem Heliumgas herrührte.

Das Potsdamer Observatorium berichtete, dass in der Aurora das Vorhandensein von Natrium nachgewiesen wurde; Dies scheint jedoch ein Fehler gewesen zu sein, da das Licht schwach war und kein Vergleichsspektrum auf der Platte eingeprägt war. Auf dem am Washington Observatory aufgenommenen Foto ist die Heliumlinie sicher, da eine zweite Aufnahme mit einer Natriumflamme gemacht wurde; und die beiden Linien sind deutlich getrennt dargestellt.

2. DIE NEGATIVE BESCHLEUNIGUNG . Dieses Phänomen wurde mehr oder weniger auf der ganzen Welt beobachtet. Besonders ausgeprägt war es in der Nähe des Äquators; aber in Nordeuropa wurde es nur von wenigen Beobachtern bemerkt, obwohl viele Uhren angehalten und andere Instrumente außer Betrieb gesetzt waren. Es scheint kein Zweifel daran zu bestehen, dass eine Kraft von enormer Größe in tangentialer Richtung auf die Erdoberfläche ausgeübt wurde, und zwar in einer solchen Richtung, dass sie ihrer axialen Drehung entgegenwirkte, mit der Wirkung, dass die

Oberflächengeschwindigkeit um etwa einen Teil verringert wurde dreihundert, was zu einer Verlängerung des Tages um fünf Minuten und dreizehneinhalb Sekunden führte.

Durch die Betätigung dieser Bremse (*Bremsekraft*), wie wir sie nennen, kam es zu Beschleunigungserscheinungen, die sich genau wie bei einem Eisenbahnzug beim Anhalten bemerkbar machten. Die Änderung der Oberflächengeschwindigkeit der Erde am Äquator betrug etwa 6,4 Kilometer pro Stunde; und verschiedene Beobachtungen zeigen, dass diese Geschwindigkeitsänderung durch die Wirkung der unbekannten Kraft über einen Zeitraum von weniger als drei Minuten hervorgerufen wurde. Die so dargestellte negative Beschleunigung wäre sicherlich zu gering, um ausgeprägte physiologische Empfindungen hervorzurufen, und doch deuten Berichte von verschiedenen Orten darauf hin, dass sie sicherlich beobachtet wurden. Die empfundenen Empfindungen werden üblicherweise als ähnlich beschrieben wie in einem fahrenden Auto, wenn die Bremse sehr sanft betätigt wird.

Darüber hinaus werden bestimmte zerstörerische Aktionen aus Orten in der Nähe des Äquators gemeldet – Schornsteine stürzten ein und hohe Gebäude schwankten; während aus New York die Meldung kommt, dass der Obelisk im Central Park von seinem Sockel geworfen wurde. Es scheint, dass diese Effekte auf den Umstand zurückzuführen waren, dass sich die Geschwindigkeitsänderung als Welle ähnlich einer Erdbebenwelle durch die Erde ausbreitete und dass die Auswirkungen an bestimmten Punkten kumulativ waren – eine Theorie, die durch Berichte an bestimmten Orten untermauert wird Selbst in Äquatornähe wurden keine Auswirkungen festgestellt.

3. FLUTWELLEN . Diese wurden überall beobachtet und waren vielerorts sehr zerstörerisch. Im Panamakanal, der in der Nähe des Äquators liegt und fast nach Osten und Westen verläuft, war die Wasserströmung so groß, dass sie über die Gatun-Schleuse floss. An den Ostküsten der verschiedenen Kontinente kam es zu einem Meeresrückgang, wobei die Flut drei bis fünf Meter unter die Niedrigwassermarke fiel. An den Westküsten kam es zu einem entsprechenden Anstieg, der teilweise eine Höhe von über zwölf Metern erreichte .

Dass die Gezeitenphänomene nicht ausgeprägter und zerstörerischer waren, ist eine große Überraschung und wurde als Beweis dafür angesehen, dass die Bremskraft nicht an einer einzelnen Stelle der Erdoberfläche wirkte, sondern eine verteilte Kraft war, die auf die Erdoberfläche einwirkte sowohl im Wasser als auch an Land, wenn auch in geringerem Maße. Es ist jedoch schwierig, sich eine Kraft vorzustellen, die in der Lage wäre, auf diese Weise zu wirken; und Björnsons Theorie des magnetischen Wirbels im Äther wurde von dieser Kommission abgelehnt.

4. ATMOSPHÄRISCHE STÖRUNGEN . Einige Zeit nach dem Erscheinen des gelben Polarlichts wurde auf der gesamten Erdoberfläche ein plötzlicher Anstieg des Luftdrucks registriert, dem ein allmählicher Abfall deutlich unter den Normaldruck folgte. Berechnungen, die auf der Ankunftszeit dieser Störung an weit voneinander entfernten Punkten basieren, zeigen, dass sie mit Schallgeschwindigkeit von einem Punkt ausging, der wahrscheinlich im Norden Labradors liegt. Der maximale aufgezeichnete Druckanstieg wurde in Halifax registriert. Die selbstaufzeichnenden Barographen zeigten, dass der Druck in weniger als fünf Minuten um mehr als sechs Zentimeter anstieg

.

5. RICHTUNGSVERSCHIEBUNG DER ERDACHSE . Die Erdachse wurde durch die Störung im Raum verschoben und zeigt nun fast genau auf den Doppelstern Delta Ursæ Minoris . Diese Veränderung scheint darauf zurückzuführen zu sein, dass die Kraft auf die Erdoberfläche in einer Richtung ausgeübt wurde, die nicht ganz parallel zur Drehrichtung war, was zur Entwicklung einer neuen Achse und einer Verschiebung der Polpositionen führte , die es nun wieder zu entdecken gilt.

Es scheint, dass diese bemerkenswertesten kosmischen Phänomene auf eine von zwei Arten erklärt werden können: Sie können durch eine explosive oder vulkanische Entladung von der Erdoberfläche entstanden sein oder durch den schrägen Aufprall eines Meteorstroms, der sich mit sehr hoher Geschwindigkeit bewegt. Es scheint unwahrscheinlich, dass durch eine vulkanische Störung der gewöhnlichen Art genügend Energie entwickelt werden konnte, um die beobachteten Veränderungen herbeizuführen. Aber wenn radioaktive Kräfte ins Spiel kommen, ist die verfügbare Energiemenge praktisch unbegrenzt.

Es ist jedoch schwer vorstellbar, wie eine plötzliche Freisetzung der Atomenergie durch irgendeine irdische Agentur hätte herbeigeführt werden können; so dass die erste Theorie, obwohl sie die Tatsachen erklären kann, die weniger haltbare der beiden zu sein scheint. Die Meteoritentheorie bietet keine besonderen Schwierigkeiten. Die von einer vergleichsweise kleinen Masse fein verteilter Materie abgegebene Energie, die sich mit einer Geschwindigkeit von mehreren hundert Kilometern pro Sekunde bewegt – und eine solche Geschwindigkeit ist keineswegs unbekannt – würde völlig ausreichen, um die Rotationsgeschwindigkeit um den beobachteten geringen Betrag zu ändern.

Darüber hinaus könnte der Einschlag eines solchen Meteorstroms eine ausreichend hohe Temperatur entwickelt haben, um radioaktive Veränderungen hervorzurufen, die zur Folge hätten, dass Helium und andere

Zerfallsprodukte mit Kathodenstrahlgeschwindigkeit ausgestoßen würden (*Kathoden-Strahlen-Fortpflanzung-Geschwindigkeit*) . – von der Erdoberfläche; und der durch diesen Ausstoß verursachte Rückstoß würde sich zur Wucht des Meteoriteneinschlags addieren.

Das Vorhandensein von Helium macht diese letztere Hypothese nicht ganz unwahrscheinlich, während die atmosphärische Druckwelle sofort aus der Störung der Luft durch den Durchgang des Meteorstroms durch sie resultieren würde. Die Erkundung der Region, in der die Störung wahrscheinlich stattgefunden hat, wird zweifellos die für die vollständige Lösung des Problems notwendigen Daten liefern." [S. 17-19.]

V

Eines Abends um zehn Uhr, kurz nach den oben beschriebenen Vorfällen, fand im Weißen Haus eine außerordentliche Konferenz statt, wahrscheinlich die bemerkenswerteste, die jemals dort oder anderswo stattgefunden hat. An dem langen Tisch, an dem die Kabinettssitzungen stattfanden, saßen sechs Herren in Abendkleidung, von denen jeder versuchte, unbekümmert, wenn nicht sogar amüsiert zu wirken. An der Spitze des Tisches saß der Präsident der Vereinigten Staaten; daneben Graf von Könitz , der deutsche Botschafter, als Vertreter der kaiserlichen [1] deutschen Kommissare, die nach der Abdankung des Kaisers die Leitung der deutschen Regierung übernommen hatten; und auf der gegenüberliegenden Seite Monsieur Emil Liban , Prinz Rostoloff und Sir John Smith, die jeweiligen Botschafter Frankreichs, Russlands und Großbritanniens. Die sechste Person war Thornton, der Astronom.

Dem Präsidenten war es nur mit größter Anstrengung und geschicktester Diplomatie gelungen, diese Konferenz zustande zu bringen – angesichts der außerordentlichen Bedeutung, die er, wie er ihnen allen versicherte, den Angelegenheiten beimaß, die er ihnen vorlegen wollte. Nur aus diesem Grund hatten sich die Botschafter der verfeindeten Nationen zu einem – sozusagen inoffiziellen – Treffen bereit erklärt.

„Mit großem Respekt, Exzellenz", sagte Graf von Könitz , „die Sache ist absurd – so sehr wie ein Märchen von Grimm! Dieser Funker, von dem Sie sprechen, lügt über diese Nachrichten. Wenn er sie überhaupt erhalten hat – eine Tatsache, die ausschließlich von seinem Wort abhängt – er empfing sie *nach* und nicht *vor* den aufgezeichneten Phänomenen."

Der Präsident schüttelte den Kopf. „Das mag für die erste Nachricht zutreffen – die am 19. Juli eingegangen ist", sagte er, „aber die zweite Nachricht, die die Verlängerung des 27. Juli vorhersagte, *wurde an diesem Tag zugestellt und war in meinen Händen, bevor es zu den Unruhen kam* ."

Von Koenitz befingerte seinen Schnurrbart und zuckte mit den Schultern. Es war klar, dass er die ganze Angelegenheit für absurd und würdelos hielt.

Monsieur Liban wandte sich ungeduldig von ihm ab.

„Eure Exzellenz", sagte er an den Präsidenten gerichtet, „ich kann die Ansichten des Grafen von Koenitz nicht teilen . Ich halte diese Angelegenheit für von größter Bedeutung. Botschaften hin oder her, es ereignen sich außergewöhnliche Naturphänomene, die bald enden könnten." Aussterben des menschlichen Lebens auf dem Planeten. Eine Macht, die die Länge des Tages kontrollieren kann, kann den Globus vernichten.

„Sie können die Fakten nicht ändern", bemerkte Fürst Rostolow streng gegenüber dem deutschen Botschafter. „Die Erde hat ihre Umlaufbahn geändert. Professor Vaskofsky vom Imperial College hat dies erklärt. Es gibt einen Grund. Sei es Gott oder der Teufel, es gibt einen Grund. Sollen wir still sitzen und nichts tun, während die Erdkruste gefriert? unsere Armeen erstarren zu Leichen?" Er zitterte vor Aufregung.

„Beruhige dich, *Mann „Lieber Prinz*!", sagte Monsieur Liban . „Bis jetzt haben wir fünfzehn Minuten gewonnen und nichts verloren! Aber wie Sie sagen: Unabhängig davon, ob der Absender dieser Nachrichten verantwortlich ist oder nicht, gibt es eine Ursache, und wir müssen sie finden.

„Aber wie? Das ist die Frage", rief der Präsident fast entschuldigend, denn er hatte, wie auch Graf von Könitz , das Gefühl, dass in Kürze eine Erklärung vorliegen würde, die diese Konferenz als den Höhepunkt der Lächerlichkeit erscheinen lassen würde. „Ich habe bereits", fügte er hastig hinzu, „die gesamte Kraft der Nationalen Akademie der Wissenschaften angewiesen, ihre Energie auf die Lösung dieser Phänomene zu richten. Zweifellos tun Großbritannien, Russland, Deutschland und Frankreich dasselbe", berichten die Wissenschaftler dass das gelbe Polarlicht im Norden, die Erdbeben, die Schwankungen des Kompasses und die Exzentrizitäten des Barometers wahrscheinlich alle mehr oder weniger direkt mit der Veränderung der Erdumlaufbahn zusammenhängen. Aber sie bieten keine Erklärung. Sie legen keinen nahe Was das Polarlicht ist und warum sein Erscheinen diese Wirkung haben sollte. Es scheint mir daher eindeutig meine Pflicht zu sein, Ihnen alle Fakten vorzulegen, soweit sie mir bekannt sind. Zu diesen Fakten gehören die mysteriösen Nachrichten, die per Funk bei empfangen wurden das Marineobservatorium unmittelbar vor diesen Ereignissen.

„ *Post hoc, also propter hoc!* ", spottete von Koenitz halb höhnisch .

Der Präsident lächelte müde.

„Was soll ich tun?" fragte er und blickte sich am Tisch um. „Sollen wir untätig bleiben? Sollen wir abwarten, was passieren könnte?"

„Nein! Nein!" schrie Rostoloff und sprang auf. „Noch eine Woche, und wir werden vielleicht alle in die Ewigkeit eintauchen. Es ist selbstmörderisch, diese Angelegenheit nicht ernst zu nehmen. Wir sind krank vom Krieg. Und vielleicht würde Graf von Könitz angesichts des Falls Berlins so etwas als eine willkommene ... ehrenvollen Ausweg aus den Schwierigkeiten seines Landes."

"Herr!" rief der Graf und sprang auf. „Seien Sie vorsichtig! Es hat Russland vier Millionen Männer gekostet, Berlin zu erreichen. Wenn wir Paris eingenommen haben , werden wir Berlin zurückerobern und den Marsch unserer siegreichen Adler in Richtung Moskau und zum Winterpalast beginnen.“

„Meine Herren! Meine Herren! Nehmen Sie Platz, ich flehe Sie an!“ rief der Präsident aus.

Die russischen und deutschen Botschafter nahmen etwas unfreundlich ihre früheren Plätze ein und warfen einander Blicke unverhohlener Verachtung zu.

„So wie ich die Sache sehe“, fuhr der Präsident fort, „liegen Ihnen zwei unterschiedliche Vorschläge vor: Der erste bezieht sich darauf, inwieweit die außergewöhnlichen Ereignisse der vergangenen Woche einen solchen Charakter haben, dass sie eine gemeinsame Untersuchung und Aktion seitens der Mächte erfordern.“ Die zweite Frage betrifft die Ursache dieser Ereignisse und ihren Zusammenhang mit dem Absender der von Pax unterzeichneten Nachrichten. Ich werde Sie bitten, zu jeder dieser Fragen Ihre Meinung mitzuteilen.“

„Ich glaube, dass Maßnahmen ergriffen werden sollten, basierend auf der Annahme, dass es sich dabei um Manifestationen ein und derselben Macht oder Ursache handelt“, sagte Monsieur Liban mit Nachdruck.

„Ich stimme dem französischen Botschafter zu“, knurrte Rostoloff.

„Ich bin der Meinung, dass die Phänomene Gegenstand einer ordnungsgemäßen wissenschaftlichen Untersuchung sein sollten“, bemerkte Graf von Koenitz ruhiger. „Aber was diese Botschaften angeht, sind sie, wenn ich das sagen darf, ein dummer Scherz. Es ist unwürdig, von ihnen Kenntnis zu nehmen.“

„Was denken Sie, Sir John?“ fragte der Präsident und wandte sich an den englischen Botschafter.

„Bevor ich mich entscheide“, erwiderte dieser ruhig, „würde ich gerne den Telefonisten sehen, der sie entgegengenommen hat.“

"Auf jeden Fall!" rief von Könitz aus.

Der Präsident drückte einen Knopf und seine Sekretärin trat ein.

„Ich hatte mit einem solchen Wunsch von euch allen gerechnet“, verkündete er, „und habe dafür gesorgt, dass er hier ist. Er wartet draußen. Soll ich ihn hereinbringen lassen?“

"Ja ja!" antwortete Rostoloff. Und die anderen nickten.

Die Tür öffnete sich, und Bill Hood, der seinen besten neuen blauen Anzug trug und nervös eine ausgeblichene Fahrradmütze zwischen den Fingern drehte, stolperte unbeholfen in den Raum. Sein Gesicht war leuchtend rot vor Verlegenheit und eine seiner Wangen wies eine deutliche Vorwölbung auf. Er blinzelte im grellen Licht des elektrischen Lichts.

„Mr. Hood", wandte sich der Präsident höflich an ihn, „ich habe nach Ihnen geschickt, um diesen Herren, die die Botschafter der großen europäischen Mächte sind, die Umstände zu erklären, unter denen Sie die drahtlosen Nachrichten von der unbekannten Person erhalten haben, die sich als solche bezeichnet." „Pax."

Hood trat von seinem rechten auf seinen linken Fuß und presste die Lippen aufeinander. Von Koenitz befingerte die gewachsten Enden seines Schnurrbartes und betrachtete den Telefonisten skurril.

„Erstens", fuhr der Präsident fort, „wollen wir wissen, ob die von Ihnen gemeldeten Nachrichten unter normalen oder ungewöhnlichen Bedingungen empfangen wurden. Mit einem Wort: Könnten Sie sich eine Meinung über den Aufenthaltsort des Absenders bilden? "

Hood kratzte sich höflich und zweifelnd seitlich an der Nase.

„Klar, Euer Ehren ", antwortete er schließlich. „ Sicher , die Bedingungen waren ungewöhnlich. Dieser Kerl hat etwas Saft und keinen Fehler."

"Saft?" fragte von Könitz .

„Yare – Strömung. Jammert wie ein Stahlkreisel. Sicherlich fünfzig Kilowatt und vielleicht mehr! Und eine zwölftausend Meter hohe Welle."

„Das verstehe ich nicht ganz", warf Rostoloff ein . „Bitte erklären Sie es, Sir."

„ Ist es nicht „ Es gibt nichts zu erklären", entgegnete Hood. „Er hat einfach eine verdammt große Wellenlänge, das ist alles." Größte auf der Erde. Wir sind nur auf eine Dreitausender- Welle eingestellt . Anfangs konnte ich ihn kaum ertragen . Ich musste unsere neuen Henderson-Vorschaltspulen einbauen, bevor ich richtig hören konnte. Ich schätze, es gibt keinen anderen Sender in der Christenheit, der ihn erreichen kann.

„Ah", bemerkte von Koenitz . „Einer Ihrer millionenschweren Amateure, nehme ich an."

„Yare", stimmte Hood zu. „Ich dachte, er sei ein Spinner."

"Ein Was?" unterbrach Sir John Smith.

„Ein Spinner", antwortete Hood. „Eine Spinnerin sozusagen."

„Ah, , krank '!" nickte der Deutsche. „Genau – ein Wahnsinniger! Genau das sage ich!"

„Aber ich glaube nicht, dass es jetzt kein Blödsinn ist", entgegnete Hood tapfer. „Wenn er ein Käfer ist , dann ist er der größte Käfer in der ganzen Schöpfung, das ist alles, was ich sagen kann. Er hat das Zeug dazu, das ist es, was er hat. Er wird einigen Schaden anrichten, bevor er durchkommt."

„Sind diese Nachrichten an bestimmte Personen gerichtet?" fragte Sir John, der Hood aufmerksam musterte.

„Nun, das sind sie und sie sind es nicht . Pax – so nennt er sich selbst – signalisiert NAA, unsere Nummer, verstehen Sie, und sagt dann, was er der ganzen Welt zu sagen hat: Sorge um die Vereinigten Staaten. Die erste Nachricht Ich hielt es für einen Witz und klebte ihn in ein Buch, das ich gerade las: „ *Silas Snooks* "———"

"Was?" rief von Koenitz ungeduldig.

„Snooks – der Name des Mannes – Kerl im Buch – hat nichts mit diesem Geschäft zu tun", erklärte der Telefonist. „Ich habe es ganz vergessen. Aber nach dem Erdbeben und all dem ganzen ganzen Trubel habe ich es herausgekramt und Mr. Thornton gegeben. Dann kam am 27. das nächste und sagte, dass Pax es leid sei, auf uns zu warten und Ich wollte etwas anfangen. Das kam um ein Uhr nachmittags, und der Spaß begann pünktlich um drei. Das ganze Observatorium blinzelte. Sagen Sie, Sie haben keinen Zweifel daran, dass er es ist , oder? ?"

Von Koenitz sah sich zynisch im Raum um.

"Da ist nicht!" riefen Rostoloff und Liban im gleichen Atemzug.

Der Deutsche lachte.

„Sprechen Sie für sich selbst, Exzellenzen", höhnte er. Sein Ton ärgerte den drahtlosen Vertreter des souveränen amerikanischen Volkes.

„Glaubst du, ich bin ein Lügner?" „Forderte er, biss die Zähne zusammen und starrte von Koenitz böse an .

Der deutsche Botschafter zuckte erneut mit den Schultern. So etwas war in einem zivilisierten Land – in Potsdam – unmöglich, aber was konnte man da schon erwarten …

„Halt dich fest, Hood!" flüsterte Thornton.

„Denken Sie daran, Mr. Hood, dass Sie hier sind, um unsere Fragen zu beantworten", sagte der Präsident streng. „Sie dürfen Seine Exzellenz, Baron von Könitz , nicht auf diese Weise ansprechen ."

„Aber der Mann hat mich zum Affen gemacht!" murmelte Hood. „Ich sage nur: Pass auf. Dieser Pax macht seinen Job und meint es ernst. Ich habe gerade einen weiteren Anruf bekommen, bevor ich hierher kam – um neun Uhr."

„Was war der Zweck?" fragte der Präsident.

„Na ja, da hieß es, Pax sei es leid, dass nichts getan wird, und wolle etwas unternehmen. Es hieß, dass Männer wie die Fliegen sterben würden, und er schlug vor, dem um jeden Preis ein Ende zu machen. Und – und –"

"Ja ja!" rief Liban atemlos.

„Und er würde heute Abend einen weiteren Beweis seiner Kontrolle über die Naturgewalten liefern."

„Ha! Ha!" Von Koenitz lehnte sich amüsiert zurück. „Mein Freund", kicherte er, „du – bist – der ‚Verrückte'!"

Welche Form Hoods Groll angenommen haben könnte, ist problematisch; Doch als die Worte des Deutschen seinen Mund verließen, gingen plötzlich die elektrischen Lichter aus und die Fenster klapperten bedrohlich. Im selben Moment spürte jeder Bewohner des Raumes, wie er leicht zur Ostwand schwankte, auf der ein heller gelber Schimmer erschien. Instinktiv wandten sie sich alle dem Fenster zu, das nach Norden zeigte. Der ganze Himmel war von einem orange-gelben Polarlicht überflutet, das in seiner Intensität mit dem Sonnenlicht konkurrierte.

„Was habe ich dir gesagt?" murmelte Hood.

Das Executive Mansion bebte, und selbst in diesem gelben Licht schienen die Gesichter der Botschafter blass vor Angst zu sein. Und dann, als das Leuchten im Norden langsam verblasste, schwebte etwas Weiches und Flauschiges wie Federn über die Fensteröffnung. Immer dicker und schneller kam es, bis der Rasen des Weißen Hauses damit bedeckt war. Die Luft im Raum wurde kalt. Durch das Fenster kreiste und leuchtete eine große Flocke auf Rostoloffs Hinterkopf.

"Schnee!" er weinte. „Ein Schneesturm – im August!"

Der Präsident stand auf und schloss das Fenster. Fast sofort brannte das elektrische Licht wieder auf.

„Bist du jetzt zufrieden?" rief Liban dem Deutschen zu.

"Befriedigt?" knurrte von Koenitz . „Ich habe im August viele Schneestürme gesehen. In den Alpen gibt es sie täglich. Sie fragen mich, ob ich zufrieden bin. Womit? Dass es Erdbeben, Polarlichter, elektrische Störungen, Schneestürme gibt – ja. Dass ein mysteriöser Schreckgespenst dafür verantwortlich ist." für diese Dinge – nein!"

„Was benötigen Sie dann?" keuchte Liban .

„Mehr als ein Schneesturm!" erwiderte der Deutsche. „Als ich ein Junge in der Turnhalle war, hatten wir ein Gewitter mit Fischen darin. Sie waren überall, wo man hintrat, überall auf dem Boden. Aber wir kamen nicht zu dem Schluss, dass Jonah uns seine Macht über den Wal demonstrierte."

Er stand den anderen trotzig gegenüber; in seiner Stimme war Spott.

„Sie können in den Ruhestand gehen, Mr. Hood", sagte der Präsident. „Aber Sie werden freundlicherweise draußen warten."

„Das ist ein ehrlicher Mann, wenn ich jemals einen gesehen habe, Herr Präsident", verkündete Sir John, nachdem der Telefonist gegangen war. „Ich bin zufrieden, dass wir mit einem Menschen mit praktisch übernatürlichen Kräften kommunizieren."

„Was soll dann getan werden?" fragte Rostoloff besorgt. „Die Welt wird vernichtet!"

„Eure Exzellenzen" – Von Koenitz erhob sich und nahm anmutig einen Platz am Ende des Tisches ein – „Ich muss gegen die meiner Meinung nach außergewöhnliche Leichtgläubigkeit von Ihnen allen protestieren. Ich spreche zu Ihnen als Vernünftiger." Mensch, nicht als Botschafter. Etwas ist geschehen, das die Erdumlaufbahn beeinflusst. Es kann zu einer Katastrophe führen. Niemand kann es vorhersagen. Dieser Planet könnte durch die Anziehungskraft einer wandernden Welt, die noch nicht in Sichtweite gekommen ist, in den Weltraum gelockt werden . Aber eines wissen wir: Keine Macht auf oder von der Erde kann ihr Verhältnis zu den anderen Himmelskörpern stören. Das wäre, wie Sie hier sagen, „sich an den eigenen Schnürsenkeln hochzuziehen". Ich zweifle nicht an der Genauigkeit Ihrer Uhren und wissenschaftlichen Instrumente. Die meines eigenen Landes stimmen mit den Ihren überein. Aber zu sagen, dass die Ursache für all dies ein *Mann ist* , ist absurd. Wenn der geheimnisvolle Pax den Himmel zum Einsturz bringt, werden sie es tun Sturz auf seinen eigenen Kopf. Wird er sich zusammen mit dem Rest von uns in die Ewigkeit schicken? Wohl kaum! Dieser Hood ist ein monströser Lügner oder ein gefährlicher Wahnsinniger. Auch wenn er diese Botschaften erhalten hat, sind sie die Ausstrahlung eines Spinners, wie er, sagt er, selbst zuerst vermutet habe. Lasst uns diese Hysterie überwinden, die aus der Belastung des ständigen Krieges entstanden ist. Mit einem Wort, lasst uns zu Bett gehen."

„Graf von Koenitz ", antwortete Sir John nach einer Pause, „Sie sprechen mit Nachdruck, ja sogar überzeugend. Aber Ihre Argumentation basiert auf einer Behauptung, die wissenschaftlich falsch ist. Ein Schießpulveratom kann sich selbst auflösen, sich durch seine eigenen Stiefel hochheben." Riemen!' Warum nicht die Erde? Haben wir schon damit begonnen, alle Geheimnisse der Natur zu lösen? Ist es unvorstellbar, dass es einen unentdeckten

Sprengstoff gibt, der den Globus zerstören kann? Wir haben Erdbeben. Ist es jenseits aller Vorstellungskraft, dass die Kräfte, die sie erzeugen, es sein können? kontrolliert?"

„Mein lieber Sir John", erwiderte von Koenitz höflich, „meine letzte Antwort ist, dass wir keinen ausreichenden Grund haben, die Phänomene, die die Erdrotation gestört haben, mit irgendeiner menschlichen Handlung in Verbindung zu bringen."

„Das", warf der Präsident ein, „ist etwas, worüber Einzelpersonen durchaus unterschiedlicher Meinung sein können. Ich nehme an, dass Sie unter anderen Umständen für eine Verurteilung offen wären?"

„Sicherlich", antwortete von Koenitz . „Sollte der Absender dieser Nachrichten die Wirkung eines Wunders prophezeien, das nicht durch natürliche Ursachen erklärt werden kann, wäre ich gezwungen, meinen Fehler zuzugeben."

Monsieur Liban war ebenfalls aufgestanden und ging nervös im Zimmer auf und ab. Plötzlich wandte er sich an Von Koenitz und rief mit vor Rührung zitternder Stimme: „Dann laden wir Pax ein, uns ein Zeichen zu geben, das Sie zufriedenstellen wird."

„Monsieur Liban ", antwortete von Koenitz steif, „ich weigere mich, mich in die Lage zu versetzen, mit einem Verrückten zu kommunizieren."

„Sehr gut", rief der Franzose, „ich werde die Verantwortung übernehmen, mich lächerlich zu machen. Ich werde den Präsidenten der Vereinigten Staaten bitten, zu diesem Zweck als Agent Frankreichs zu fungieren."

Er zog ein Notizbuch und einen Füllfederhalter aus seiner Tasche und schrieb sorgfältig eine Nachricht auf, die er dem Präsidenten überreichte. Letzterer las es laut vor:

„ *Pax* : Der Botschafter der Französischen Republik bittet mich, Ihnen die Tatsache mitzuteilen, dass er weitere Beweise für Ihre Macht wünscht, die Bewegungen der Erde und das Schicksal der Menschheit zu kontrollieren, wobei solche Phänomene vorzugsweise harmloser Natur sein sollten, aber durch keine Theorie natürlicher Kausalität erklärbar. Ich erwarte Ihre Antwort.

" DER PRÄSIDENT DER VEREINIGTEN STAATEN .

„Schicken Sie nach Hood", befahl der Präsident der Sekretärin, die auf das Klingeln antwortete. „Meine Herren, ich schlage vor, dass wir selbst nach Georgetown gehen und den Versand dieser Nachricht überwachen."

Eine halbe Stunde später saß Bill Hood auf seinem gewohnten Stuhl im drahtlosen Operationssaal, umgeben vom Präsidenten der Vereinigten

Staaten, den Botschaftern Frankreichs, Deutschlands, Großbritanniens und Russlands sowie Professor Thornton. Die Gesichter aller zeigten einen Ausdruck höchster Ernsthaftigkeit, mit Ausnahme des von Koenitz , der aussah, als wäre er an einer aufwändigen Fälschung beteiligt. Einige dieser angesehenen Herren hatten noch nie zuvor ein drahtloses Gerät gesehen und zeigten einige Aufregung, als Hood sich darauf vorbereitete, die berühmteste Nachricht zu senden, die jemals durch den Äther übertragen wurde. Schließlich warf er seinen Rheostat um und das Summen des rotierenden Funkens steigerte sich zu seinem Stakkato-Gesang . Hood sendete ein paar Vs aus und begann dann zu rufen:

„PAX – PAX – PAX.“

Atemlos wartete die Gruppe, während er auf eine Antwort lauschte. Erneut rief er:

„PAX – PAX – PAX.“

Er hatte bereits seine Henderson-Ballastspulen eingelegt und war bereit für die nun bekannte Welle. Er schloss die Augen und wartete auf den scharfen metallischen Schrei, der kam, von dem niemand wusste, woher er kam. Die anderen in der Gruppe hörten ebenfalls aufmerksam zu, als könnten sie dadurch auch die Antwort hören, falls es welche geben sollte. Plötzlich versteifte sich Hood.

"Da ist er!" er flüsterte. Der Präsident überreichte ihm die Nachricht, und Hoods Finger spielten über die Taste, während der Funke seinen singenden Ton durch den Äther sandte.

„Solche Phänomene sollten vorzugsweise harmloser Natur sein, aber durch keine Theorie natürlicher Ursachen erklärbar“, schloss er.

Eine unheimliche Angst erfasste Thornton, der sich in den Hintergrund zurückgezogen hatte. Was war das für eine seltsame Kommunion? Wer war dieser mysteriöse Pax? Waren das echte Männer oder Geschöpfe eines grotesken Traums? Döste er nicht über seinem Okular im Meridiankreisraum? Dann überzeugte ihn eine gleichzeitige Bewegung der um den Bediener versammelten Personen von der Realität dessen, was vor sich ging. Hood schrieb mühsam auf ein Blatt gelbes Blockpapier, und die Botschafter drängten sich in ihrem Leseeifer kurzerhand aneinander.

„An den Präsidenten der Vereinigten Staaten“, schrieb Hood: „Als Antwort auf Ihre Nachricht mit der Bitte um weitere Beweise für meine Macht, die Einstellung der Feindseligkeiten innerhalb von vierundzwanzig Stunden zu erzwingen, habe ich“ – es gab eine Pause von fast einer Minute Das Ticken der großen Uhr klang für Thornton wie Revolverschüsse: „Ich werde einen

Kanal durch das Atlasgebirge graben und das Mittelmeer in die Sahara umleiten. PAX ."

Stille folgte der letzten Transkription der Nachricht aus dem Unbekannten – eine Stille, die nur durch Bill Hoods zitterndes, halb geflüstertes „Er wird es schon schaffen!" unterbrochen wurde.

Dann lachte der deutsche Botschafter.

„Und ersparen Sie so Ihrer genialen Nation eine Menge Ärger, Monsieur Liban ", sagte er.

VI

Ein tripolitanischer Fischer, Mohammed Ben Ali el Bad, ein heiliger Mann von fast siebzig Jahren, der zweimal nach Mekka gereist war und sich jetzt in seinen letzten Jahren damit beschäftigte, den Koran zu lesen und seine Enkel im Beruf des Fischfangs zu unterrichten Meeräsche entlang der Riffe des Golfs von Cabes , hatte für die Nacht vor der tunesischen Küste geankert, etwa auf halber Strecke zwischen Sfax und der Kleinen Syrtis. Die Meeräsche hatte sich in großer Menge gebildet, und er war sehr zufrieden, denn am nächsten Abend würde er sicherlich seine Ladung fertig haben und nach Hause zum Haus seiner Tochter Fatima, der Frau von Abbas, dem Konditor, zurückkehren können. Ihr jüngster Sohn, Abdullah, ein schlanker Junge von siebzehn Jahren, war in diesem Moment damit beschäftigt, ihre Gebetsteppiche zu falten, die am Bug der Falukah ausgebreitet worden waren , damit sie eine klarere Sicht hatten, während sie sich der Heiligen Stadt entgegenknieten. Chud , ihr Sklave, reinigte die Meeräsche in der Taille und sang ein seltsames Lied aus seinem Heimatland.

Mohammed Ben Ali el Bad saß im Schneidersitz im Heck, rauchte eine Wasserpfeife und sah zu, wie der Vollmond langsam über dem Atlasgebirge im Südwesten aufstieg. Der Wind hatte nachgelassen und das Meer war ruhig, langsam wogte es mit großen orange-violetten Wellen, die an bewässerte Seide erinnerten. Im Westen herrschte noch immer das schnell verblassende Nachglühen, über dem die Sterne schwach schimmerten. Entlang der Küste funkelten Lichter in vereinzelten Buchten. Eine halbe Meile achtern lag der italienische Kreuzer *Fiala* langsam schaukelnd vor Anker. Vom Vorschiff kam der Geruch von gebratener Meeräsche. Mohammed Ben Ali war im Frieden mit sich selbst und mit der Welt, sogar mit dem irritierenden Chud . Der Westen verdunkelte sich und die Sterne strahlten strahlender. Während die Wasserpfeife leise zu seinen Füßen gurgelte, lehnte Mohammed seinen Kopf zurück und blickte in stiller Wertschätzung auf die Wunder des Himmels. Da war Turka Kabar , das Krokodil; und Menish el Tabir , die schlafende Schönheit; und Rook Hamana , der Leopard, und dort oben im hohen Norden war eine Sternschnuppe. Wie anmutig schoss es über den Himmel und hinterließ eine Spur aus gelbem Licht! Es sei die Saison der Sternschnuppen gewesen, erinnerte er sich. In einem Augenblick wäre es verschwunden – wie das Leben eines Mannes! Betrübt blickte er auf seine Wasserpfeife. Wenn er wieder aufblickte – wenn auch nur in einem Augenblick –, wäre der Stern verschwunden. Plötzlich blickte er wieder auf. Aber der Stern war immer noch da und kam auf ihn zu!

Er rieb sich die alten Augen, so scharf sie auch waren, seit sie sich an das blendende Licht der Wüste gewöhnt hatten. Ja, der Stern kam – kam schnell.

„Abdullah!" rief er mit seiner hohen Stimme. „ Chud ! Komm und sieh dir den Stern an!"

Gemeinsam sahen sie zu, wie es weiter fegte.

„Bei Allah! Das ist kein Stern!" rief plötzlich Abdullah. „Es ist ein fliegender Feuerwagen! Ich kann ihn mit meinen Augen sehen – schwarz und von hinten sprühende Flammen."

„Schwarz", wiederholte Chud kehlig. „Schwarz und rund! Oh, Allah!" Er fiel auf die Knie und schlug mit dem Kopf gegen das Deck.

Der Stern, oder was auch immer es war, drehte sich in einem weiten Kreis in Richtung Küste, und Mohammed und Abdullah sahen nun, dass das, was sie für eine Feuerspur dahinter gehalten hatten, tatsächlich ein breiter gelber Lichtstrahl war, der diagonal zur Erde zeigte. Es kam immer näher, erhellte den ganzen Himmel und warf einen schimmernden Widerschein auf die Wellen.

Ein schriller Pfiff ertönte über das Wasser, begleitet vom Geräusch von Schritten, die über das Deck des Kreuzers liefen. Lichter blitzten. Gedämpfte Befehle wurden gerufen.

„Beim Bart des Propheten!" rief Mohammed Ali. „Es wird etwas passieren!"

Das kleine schwarze Objekt, von dem der weißglühende Strahl herabstieg, passierte in diesem Moment das Gesicht des Mondes, und Abdullah sah, dass es rund und flach wie ein Ring war. Der Lichtstrahl kam von einem Punkt direkt über ihm und fiel durch seine Öffnung hinunter zum Meer.

"Boom!" Das Fischerboot erbebte unter dem Donner der 20-cm-Kanone *der Fiala* , und ein blendender Flammenstrahl sprang aus dem Bug des Kreuzers. Mit einem heulenden Kreischen stieg eine Muschel dem Mond entgegen. Es gab einen kurzen Blitz, gefolgt von einer dumpfen Gehirnerschütterung. Die Granate hatte noch kein Zehntel der Entfernung zum Fluggerät erreicht.

Und dann geschah alles auf einmal. Während er auf der Schwelle seiner Tochter thronte, beschrieb Mohammed später einer fassungslosen Menge schmutziger Dorfbewohner, wie das Sternenschiff über die Oberfläche des Mondes gesegelt war und über den Bergen zum Stillstand gekommen war, wobei sein gelber Lichtstrahl direkt darauf gerichtet war nach unten, so dass man die Küste von Sfax bis Cabes taghell sehen konnte . Er sah, wie er sagte, Genies, die auf dem Balken auf und ab kletterten. Wie dem auch sei, er schwört auf den Bart des Propheten, dass ein zweiter Lichtstrahl – von lavendelfarbener Farbe , wie das Auge einer längst verstorbenen Meeräsche – neben dem gelben Strahl herabstrahlte. Augenblicklich explodierte die Erde wie eine Kanone – tausend Meilen hoch in die Luft. Es war so hell wie Mittag. Betäubt von gigantischen Erschütterungen fiel er halbtot um. Das

Meer kochte und gab dicke Dampfwolken ab, durch die blendende Blitzentladungen zuckten, begleitet von einem donnernden, mahlenden Geräusch wie eine Million Mühlen. Der Ozean wogte krampfhaft und die Luft bebte mit einem zerreißenden, reißenden Geräusch, als ob die Natur entschlossen wäre, ihr eigenes Werk zu zerstören. Das grelle Licht war so grell, dass es unmöglich war, etwas zu sehen. Die Falukah wurde hin und her geworfen, als wäre sie in einem Simoon gefangen, und er wurde in Begleitung von Chud , Abdullah und der kopflosen Meeräsche hin und her gerollt.

Dieser ohrenbetäubende Lärm dauerte, wie er sagt, zwei Tage lang ununterbrochen an. Abdullah sagt, es seien mehrere Stunden gewesen; der offizielle Bericht der *Fiala* gibt sie mit sechs Minuten an. Und dann begann es in Strömen zu regnen, bis er fast ertrank. Ein starker Wind erhob sich und peitschte das Meer, und ein Strudel erfasste die Falukah und wirbelte sie immer wieder herum. Dunkelheit senkte sich über die Erde, und inmitten des allgemeinen Durcheinanders schlug Mohammed mit dem Kopf heftig gegen den Mast. Er war sich sicher, dass es nur wenige Sekunden dauern würde, bis sie von den Wellen in Stücke gerissen würden. Die Falukah drehte sich wie ein Meereskreisel mit einer schnellen Seitwärtsbewegung. Etwas zog sie mit sich und saugte sie ein. Die *Fiala* raste vorbei, ihre Kampfmasten hingen in Fetzen herunter. Die Luft war voller herabfallender Steine, Bäume, Splitter und dicker Staubwolken, die das Wasser in den Blitzen gelb färbten. Der Mast stürzte um und ein Zitronenbaum stürzte herab, um seinen Platz einzunehmen. Große Lavaströme ergossen sich aus der Luft, und rund um die Falukah stürzten Massen undurchsichtiger Materie ins Meer . Brennender Schlamm, Steine und Hagel fielen auf das Deck.

Und noch immer blieb das Fischerboot, das sich wie ein Blatt drehte, mit seiner Besatzung aus halb verrückten Arabern über Wasser. Erstickt, betäubt, verbrüht, versteinert vor Angst lagen sie inmitten der Meeräsche, während die Falukah in ihrem wilden Tanz mit dem Tod dahinraste. Mohammed erinnert sich, dicht neben ihnen etwas gesehen zu haben, was er für eine große Klippe hielt. Die Falukah stürzte über einen Wasserfall und war fast untergetaucht, geriet erneut in einen Strudel und wirbelte in der Dunkelheit weiter. Sie waren alle todkrank, hatten aber zu große Angst, um sich zu bewegen.

Und dann verstummte das nähere Brüllen. Die Luft war weniger verstopft. Zwar waren sie immer noch mit Sand, Erdklumpen, Zweigen und Kieselsteinen überschüttet, aber die Geister hatten aufgehört, sich gegenseitig mit Bergen zu bewerfen. Die Dunkelheit wurde weniger undurchsichtig, das Wasser glatter. Bald konnten sie den Mond durch die sich absetzenden Staubwolken sehen, und nach und nach konnten sie die Sterne erkennen. Die Falukah schaukelte sanft auf einer weiten Fläche schlammigen Ozeans, umgeben von gelbem Schaum, der hier und da von einem schwimmenden Baum durchbrochen wurde. Die *Fiala* war verschwunden. Kein Licht schien auf das Wasser. Aber der Tod hatte sie nicht eingeholt. Von Erschöpfung und Schrecken überwältigt, lag Mohammed zwischen der Meeräsche, seine Beine waren in den Zitronenbaum verstrickt. Hat er es geträumt? Er kann es nicht sagen. Doch als er das Bewusstsein verlor , glaubte er einen Stern gesehen zu haben, der nach Norden schoss.

Als er erwachte, lag die Falukah regungslos auf einem grenzenlosen ockerfarbenen Meer. Sie befanden sich außerhalb der Sichtweite des Landes. Aus einem leicht trüben Himmel brannte die Sonne erbarmungslos herab und sandte Wärme in ihre Körper und Mut in ihre Herzen. Überall um sie herum schwammen auf dem Wasser die Zeugnisse der Katastrophe der vergangenen Nacht – Bäume, Sträucher, tote Vögel und der verzerrte Kadaver eines Kamels. Sie knieten ohne ihren Gebetsteppich inmitten der Meeräsche und erhoben ihre Stimmen zum Lob Allahs und seines Propheten.

VII

Innerhalb von vierundzwanzig Stunden nach der Zerstörung des Atlasgebirges durch den Fliegenden Ring und der daraus resultierenden Überschwemmung der Sahara verkündeten die offiziellen Amtsblätter und Zeitungen, die noch veröffentlicht wurden, dass die Mächte sich auf einen Waffenstillstand geeinigt und einen Vermittlungsvorschlag angenommen hatten seitens der Vereinigten Staaten, die einen dauerhaften Frieden anstreben. Die Nachricht von der Verwüstung und Überschwemmung, die durch dieses seltsame und schreckliche Luftschiff verursacht wurde, löste die größte Besorgnis aus und löste die wildesten Gerüchte aus , denn man ging davon aus, dass das, was in Tunis geschehen war, wahrscheinlich in London, Paris oder New York geschehen würde. Drahtlose Nachrichten verbreiteten die Geschichte von Algier nach Cartagena und wurden von dort über die Funkstationen in Paris, Nauen , Moskau und Georgetown in der gesamten zivilisierten Welt verbreitet.

Die Tatsache, dass die Rotation der Erde verzögert worden war, war immer noch ein Geheimnis, und das Erscheinen des Rings war noch nicht mit irgendeinem der außergewöhnlichen Phänomene in seiner Umgebung verbunden; In den Leitartikeln der Zeitung herrschte jedoch allgemein Einigkeit darüber, dass jede Nation, die dieses neue Kriegsinstrument besaß und kontrollierte, ihre eigenen Bedingungen diktieren konnte. Man ging allgemein davon aus, dass die Sprengung der Gebirgskette Nordafrikas ein Experiment gewesen sei, um die Kräfte dieser neuen dämonischen Erfindung zu testen und zu demonstrieren, und angesichts ihres Erfolgs schien es nicht überraschend, dass die Nationen sich beeilt hatten, einer solchen Erfindung zuzustimmen Waffenstillstand, denn die Macht, die eine Macht kontrollierte, die in der Lage war, solch eine außergewöhnliche physische Katastrophe herbeizuführen, konnte jede Hauptstadt, jede Armee, jedes Volk auf dem Globus oder sogar den Globus selbst vernichten.

Der Flug der Ring-Maschine war an mehreren verschiedenen Punkten beobachtet worden, beginnend am Cape Race, wo der Funker gegen vier Uhr morgens etwas MELDETE , was er für einen großen Kometen hielt, der einen diagonalen Strahl orange-gelben Lichts auf die Erde abfeuerte und sich mit unglaublicher Geschwindigkeit bewegte Geschwindigkeit in südöstlicher Richtung. Am nächsten Tag sah der Ausguck auf der *Vira* , einem Fischschutz- und Aufklärungskreuzer der North Atlantic Patrol, einen schwarzen Fleck zwischen den Wolken schweben, den er für ein verlorenes Eindecker hielt, das darum kämpfte, die Küste Irlands zurückzuerobern. Bei Sonnenuntergang bemerkte ein Amateurfunker in St. Michael auf den Azoren einen kleinen Kometen, der weit im Norden über den Himmel fegte.

Etwa eine Stunde später flog dieser Komet direkt über die Städte Lissabon, Linares, Lorca, Cartagena und Algier und war von Badajoz, Almadén , Sevilla, Cordova, Grenada, Oran, Biskra und Tunis aus deutlich zu beobachten Orte, an denen es für Teleskopbeobachter leicht möglich war, seine Größe, Form und allgemeine Konstruktion zu bestimmen.

Daniel W. Quinn Jr., der amtierende Konsul der Vereinigten Staaten in Biskra , der zufällig mit dem Abt des Franziskanerklosters in Linares speiste, schickte den folgenden Bericht über den Flug des Rings an das Außenministerium in Washington, wo es ist jetzt aktenkundig. [Siehe Bd. 27, S. 491-498, mit Fußnote, der offiziellen Aufzeichnungen der konsularischen Korrespondenz für 1915-1916.] Nachdem er die allgemeinen Bedingungen in Algerien beschrieben hat , fährt er fort:

Wir waren am frühen Abend auf das Dach gegangen, um den Himmel durch das große Teleskop zu betrachten, das Graf Philippe d'Ormay den Franziskanern geschenkt hatte , als Pater Antoine mich auf einen Kometen aufmerksam machte, der offenbar direkt auf uns zukam. Anstatt jedoch eine horizontale Feuerspur zu hinterlassen, schien dieser Komet oder Meteorit einen fast vertikalen Strahl orangefarbenen Lichts auf die Erde zu schießen. Es erzeugte für uns alle eine sehr seltsame Wirkung, da man von einem normalen Kometen oder anderen Himmelskörper, der eine solche Lichtspur hinterließ, natürlich erwarten würde, dass er sich nach oben in Richtung des Zenits bewegt und nicht in eine Richtung parallel zum Zenit Erde. Es sah irgendwie so aus, als ob der Schweif des Kometen umgeknickt wäre. Sobald es nahe genug war, dass wir das Teleskop darauf richten konnten, entdeckten wir, dass es sich um eine neuartige Flugmaschine handelte. Es flog in einer Höhe von nicht mehr als zehntausend Fuß über unsere Köpfe, wenn überhaupt, und wir konnten sehen, dass es ein zylindrischer Ring war, der einem Donut oder einem Ankerring ähnelte und, glaube ich, aus hochglanzpoliertem Metall bestand Die innere Öffnung hatte einen Durchmesser von etwa 25 Yards. Das Rohr des Zylinders schien etwa sechs Meter dick zu sein und hatte kreisförmige Fenster oder Bullaugen, die hell erleuchtet waren.

Das Seltsamste daran war, dass es einen Aufbau trug, der aus mehreren Armen bestand, die sich an einem Punkt über der Mitte der Öffnung trafen und eine Art Apparat trugen, von dem der Lichtstrahl ausging. Dieses Gerät, von dem wir annahmen, dass es sich um einen gigantischen Suchscheinwerfer handelte, war durch den Ring gerichtet und konnte offenbar nach Belieben über einen begrenzten Radius von etwa fünfzehn Grad bewegt werden. Wir konnten dies nicht verstehen und auch nicht, warum das Licht von außen und oben statt aus dem Inneren der Flugmaschine geworfen wurde, aber die Erklärung könnte in der enormen Hitze liegen, die zur Erzeugung des Lichts erforderlich gewesen sein muss, da es das ganze Land beleuchtete etwa fünfzig Meilen weit, und wir konnten problemlos das Kleingedruckte der Rubrik des Abtes lesen. Dieser fliegende Ring bewegte sich auf gleichmäßigem Kiel mit einer enormen Geschwindigkeit von etwa zweihundert Meilen pro Stunde. Wir fragten uns, was passieren würde, wenn es zur Schildkröte würde, denn in diesem Fall hätte das Gewicht der Aufbauten es der Maschine unmöglich gemacht, sich wieder aufzurichten. Tatsächlich hatte sich keiner von uns jemals zuvor ein solches Luftmonster vorgestellt. Daneben wirkte ein Zeppelin wie ein Holzspielzeug.

Der Ring verlief über die Berge in Richtung Cabes und innerhalb kurzer Zeit kam es zu einem Vulkanausbruch, der einen Teil des Atlasgebirges zerstörte. [Herr. Quinn beschreibt hier sehr detailliert die Zerstörung der Berge.] Am nächsten Morgen fand ich Biskra voller Araber, die berichteten, dass der Ozean durch den durch den Ausbruch entstandenen Durchgang geflossen sei und die gesamte Wüste bis zur Oase von überschwemmt habe Wargla und dass es bis auf zwölf Meilen an die Mauern unserer eigenen Stadt herangekommen sei. Ich habe sofort einen Esel angeheuert und eine persönliche Untersuchung durchgeführt, mit dem Ergebnis, dass ich als Tatsache berichten kann, dass die gesamte Wüste östlich und südlich von Biskra bis zu einer Tiefe von sieben bis zehn Fuß überschwemmt ist und dass das Wasser keinerlei Anzeichen dafür zeigt untergehen. Der Verlust an Menschenleben scheint vernachlässigbar gewesen zu sein, da die Wasserhöhe nicht groß ist und viele unerwartete Inseln den Karawanen auf der Durchreise *Sicherheit boten* . Diese sind jetzt gestrandet und warten auf Hilfe, die mir, wie ich erfahren habe, von Cabes aus in Form von Booten mit flachem Boden und Motorhilfsgeräten geschickt wird .

Hochachtungsvoll,

DW QUINN, JR. ,

Amtierender US-Konsul.

Der italienische Kreuzer *Fiala* , der in der Nacht des Ausbruchs einhundertachtzig Meilen in die Wüste getragen worden war, landete sicher auf dem Tasili -Plateau , aber die vulkanische Flutwelle, auf der er mitgerissen worden war, hatte nach getaner Arbeit zurück und ließ zu wenig Wasser für den Tiefgang *der Fiala* von siebenunddreißig Fuß zurück. Vier in verschiedene Richtungen nach Süden und Osten geschickte Barkassen meldeten keine Anzeichen von Land, sondern riesige Mengen schwimmender pflanzlicher Materie, gelben Staub und die Körper von Schakalen, Kamelen, Zebras und Löwen. Die fünfte Barkasse erreichte nach großen Strapazen die Küste über den neuen Kanal und kam nach acht Tagen in Sfax an.

Der mittlere Gezeitenstand im Mittelmeer sank um 15 Zoll, und das Wasser zeigte mehrere Monate lang deutliche Verfärbungen, während noch länger ein vulkanischer Dunst über Nordafrika, Sizilien, Malta und Sardinien hing.

Obwohl viele Menschen ihr Leben verloren haben müssen, sind die Aufzeichnungen in dieser Hinsicht unvollständig; aber es gibt ein merkwürdiges Dokument in der Moschee von Sfax, das die Wirkung des Lavendelstrahls erwähnt. Es scheint, dass ein arabischer Muschelsammler mit seinen beiden Brüdern in einem kleinen Boot war, als der Ring über den Bergen erschien. Als sie zum Himmel aufblickten, blitzte der Strahl auf und beleuchtete ihre Gesichter. Damals dachten sie sich nichts dabei, denn fast sofort brachen die Berge auseinander und in dem gigantischen Aufruhr, der darauf folgte, wurden sie alle, wie sie dachten, als tote Männer ans Ufer geworfen. Als sie Sfax erreichten, berichteten sie von ihren Abenteuern und beteten als Dank für ihre außergewöhnliche Flucht. Doch fünf Tage später litten alle drei unter qualvollen inneren Verbrennungen, die Haut an Kopf und Körper begann sich abzulösen, und innerhalb einer Woche starben sie qualvoll.

VIII

Nur wenige Tage später erhielt der Präsident der Vereinigten Staaten im Namen der kaiserlich-deutschen Kommissare die offizielle Note des Grafen von Könitz, in der es hieß, dass Deutschland mit den anderen Mächten einen Waffenstillstand schließen würde, der auf Frieden und letztendlich Frieden abzielt eine allgemeine Abrüstung. Ähnliche Notizen hatte der Präsident bereits aus Frankreich, Großbritannien, Russland, Italien, Österreich, Spanien und Slawien sowie einer Vielzahl anderer kleinerer Mächte, die am Krieg beteiligt waren, erhalten, und es gab keinen Grund mehr für eine Verzögerung die Einberufung eines internationalen Rates oder Landtags mit dem Ziel, das durchzusetzen, was Pax als Lösegeld für die Sicherheit der Welt forderte.

In den Akten des Außenministeriums in Washington sind die einzigen geheimen Aufzeichnungen der diplomatischen Korrespondenz zu diesen bedeutsamen Ereignissen sowie eine Abschrift der zwischen dem Präsidenten der Vereinigten Staaten und dem Schiedsrichter des menschlichen Schicksals ausgetauschten Nachrichten enthalten. Ihre Zahl ist vergleichsweise gering, denn Pax schien damit zufrieden zu sein, alle Einzelheiten den Mächten selbst zu überlassen. Um Zeit zu sparen, machte er jedoch den einfachen Vorschlag, dass die derzeitigen Botschafter die Vollmacht erhalten sollten, die Bedingungen und Konditionen festzulegen, unter denen der Weltfrieden erklärt werden sollte. Alle diese Vorgänge und die Gründe dafür wurden streng geheim gehalten. Es sah so aus, als würde die Angelegenheit mit der für die Yankees typischen Schnelligkeit erledigt werden. Pax' Vorschlag wurde angenommen, und den Botschaftern und Ministern wurde uneingeschränkter Spielraum bei der Ausarbeitung des Vertrags eingeräumt, der den Krieg für immer abschaffen sollte.

Nachdem er nun überzeugt war, war niemand unermüdlicher als von Koenitz, niemand fruchtbarer in Vorschlägen. Er war es, der eigenhändig die vierzig Seiten verfasste, die der Gründung der Kommission gewidmet waren, deren Aufgabe es war, alle Waffen, Munition und Kriegsgeräte zu vernichten; und er fungierte nicht nur als Vorsitzender des Vorentwurfsausschusses, sondern war auch aktives Mitglied in mindestens einem halben Dutzend anderer wichtiger Unterausschüsse. Der Präsident teilte Pax durch Bill Hood täglich den Fortschritt dieser Konferenz der Mächte mit und erhielt dafür täglich eine herzliche, wenn auch lakonische Zustimmung.

„Ich bin zufrieden mit der Aufrichtigkeit der Mächte und mit den erzielten Fortschritten. PAX."

war die gewöhnliche Art der empfangenen Nachricht. Mittlerweile war allen Regierungen mitgeteilt worden, dass ein unbefristeter Waffenstillstand erklärt worden sei, der nach Ablauf von zehn Tagen beginnen solle, da man es für notwendig erachtet habe, die erforderliche Zeit für die Übermittlung der Befehle an die verschiedenen militärischen Operationsfelder während des gesamten Verlaufs einzuplanen Europa. In der Zwischenzeit ging der Krieg weiter.

Zu dieser Zeit erhob sich Graf von Könitz , der nun als die führende Persönlichkeit der Konferenz galt, und sagte: „Eure Exzellenzen, dieser ausgezeichnete Landtag wird, ich zweifle nicht, bald seine Arbeit abschließen und nicht nur die Zustimmung erhalten." der vertretenen Mächte ist nur die Dankbarkeit der Nationen der Welt. Ich drücke die Gefühle der kaiserlichen Kommissare aus, wenn ich sage, dass keine Macht mit größerem Eifer als Deutschland auf die Verwirklichung unseres Ziels blickt. Aber wir sollten nicht vergessen, dass dies der Fall ist Es gibt eine Bedrohung für die Menschheit, die größer ist als die des Krieges – nämlich die lauernde Gefahr, die von der Macht dieses unbekannten Besitzers übermenschlichen Wissens über Sprengstoffe ausgeht. Bisher war sein Einfluss harmlos, aber wer kann sagen, wann er bösartig werden könnte? Wird unser Arbeiten gefallen ihm? Vielleicht nicht. Sollen wir uns einigen? Ich hoffe es, aber wer kann das sagen? Werden unsere Armeen ihre Waffen niederlegen, auch nachdem wir uns geeinigt haben? Ich glaube, dass alles gut gehen wird; aber ist es klug für uns, davon Abstand zu nehmen? Schritte unternehmen, um die Identität dieses unbekannten Jongleurs mit der Natur und die Quelle seiner Macht festzustellen? Da wir keinen Einfluss oder keine Kontrolle auf diese Person ausüben können, bin ich der Meinung, dass wir alle in unserer Macht stehenden Schritte unternehmen sollten, um uns für den Fall zu schützen, dass sie sich weigert, uns die Treue zu halten. Zu diesem Zweck schlage ich vor, zeitgleich mit unseren eigenen Treffen eine internationale Konferenz von Wissenschaftlern aller Nationen hier in Washington abzuhalten, um diese Fragen zu klären."

Seine Bemerkungen wurden von fast allen anwesenden Vertretern mit Zustimmung aufgenommen, mit Ausnahme von Sir John Smith, der leicht andeutete, dass ein solches Vorgehen als eine leichte Doppeldeutigkeit angesehen werden könnte. Sollte Pax Kenntnis von der vorgeschlagenen Konferenz erhalten, könnte er ihre Aufrichtigkeit in Frage stellen und all ihre Taten mit Argwohn betrachten. Kurz gesagt, Sir John glaubte daran, einen konsequenten Kurs zu verfolgen und Pax als Freund und Verbündeten und nicht als möglichen Feind zu behandeln.

Die Rede von Sir John ließ die Delegierten jedoch nicht überzeugen und hatte das Gefühl, dass seine Argumentation zu präzisiert sei. Sie meinten, es könne nichts dagegen einzuwenden sein, die Quelle der Macht von Pax herauszufinden – das Gesetz der Selbsterhaltung schien einen solchen Weg als notwendig zu bezeichnen. Und es war tatsächlich bereits von mehreren weniger auffälligen Delegierten vage diskutiert worden. Dementsprechend wurde mit nur zwei Gegenstimmen beschlossen, [2] die sogenannte Konferenz Nr. 2 einzuberufen, die so bald wie möglich abgehalten werden sollte und deren Verhandlungen im Geheimen unter der Schirmherrschaft der Nationalen Akademie der Wissenschaften durchgeführt werden sollten. Ständiger Vorsitzender ist der Präsident der Akademie. Zu dieser Konferenz ernannte der Präsident Thornton zu einem der drei Delegierten aus den Vereinigten Staaten.

Nachdem der Rat der Mächte so gestimmt hatte, übermittelte Graf von Koenitz sofort über Sayville eine Nachricht, die verschlüsselt an Herrn Karl Heinweg , Notar, in 12 BIS gerichtet zu sein schien Bundenstraße , Straßburg , und steht im Zusammenhang mit einer bald fälligen Hypothek auf einige Grundstücke von Von Koenitz in Thüringen. Bei der Dekodierung lautete es:

„ *An die Reichskommissare der Deutschen Bundesländer:*

„Ich habe die Ehre , Ihnen mitzuteilen, dass ich gemäß Ihren hervorragenden Anweisungen heute eine internationale Konferenz vorgeschlagen habe, um die wissenschaftlichen Probleme zu untersuchen, die sich aus bestimmten neueren Phänomenen ergeben, und dass mein Vorschlag angenommen wurde. Ich glaube, dass die Verfahren hier auf diese Weise ablaufen könnten." auf unbestimmte Zeit verschoben und somit Zeit gesichert, um die Organisation und Entsendung einer Expedition mit dem Ziel zu ermöglichen, diese unbekannte Person zu vernichten oder das Geheimnis seiner Macht zu ergründen, gemäß meinem vorherigen Vorschlag. Es wäre gut, als Delegierte zu dieser Konferenz Nr. zu entsenden . 2 mehrere Professoren der Physik, die durch plausible Argumente und geniale Theorien die Sache so verwirren können, dass keine Entscheidung getroffen werden kann. Ich schlage die Professoren Gasgabelaus aus München und Leybach aus Den Haag vor.

„ VON KÖNITZ ".

Und nachdem er seine Pflicht erfüllt hatte, fuhr der Graf mit einem Taxi zum Metropolitan Club und spielte dort diskret eine Partie Billard mit Señor Tomasso Varilla , die Ex-Ministerin aus Argentinien.

Von Könitz hatte von Anfang an sein Spiel mit einer Geschicklichkeit gespielt, die aus diplomatischer Sicht keine Wünsche offen ließ. Die außergewöhnlichen Naturphänomene, die sich zeitgleich mit der ersten Botschaft von Pax an den Präsidenten der Vereinigten Staaten und dem Fall der Nadel der Kleopatra ereignet hatten, waren von den Wissenschaftlern des Kaiserreichs und anderer Universitäten in den gesamten deutschen Bundesländern sofort beobachtet worden und hatten keine Bedeutung früher bemerkt als ihre Bedeutung erkannt wurde. Diese fleißigsten und gründlichsten aller menschlichen Ermittler hatten die Fakten und ihre vorläufigen Schlussfolgerungen sofort den kaiserlichen Kommissaren mitgeteilt, mit der Empfehlung, bei dem Versuch, die Ursachen dieser Störung der Naturkräfte zu lokalisieren und festzustellen, nichts unversucht zu lassen. Die Kommissare forderten sofort einen ausführlichen Bericht von der Fakultät der Kaiserlich-Deutschen Universität und teilten von Koenitz per Telegramm mit, dass er bis auf Weiteres auf jede erdenkliche Weise versuchen müsse, die Untersuchung durch andere Nationen zu verzögern und die Bedeutung des Geschehens herabzusetzen, z Diese klugen deutschen Wissenschaftler waren sofort zu dem Schluss gekommen, dass die Beschleunigung der Erdbewegung auf eine menschliche Kraft zurückzuführen sei, die über eine bisher ungeahnte Macht verfügte.

Aus diesem Grund hatte der Botschafter beim ersten Treffen im Weißen Haus die ganze Angelegenheit vermasselt und von Schneestürmen in den Alpen und Fischschauern in Heidelberg gesprochen , allerdings mit der Zerstörung der Nordküste Afrikas und dem Brunnen Als er das Auftauchen des „Rings" bezeugte, gelangte er bald zu dem Schluss, dass sein klügster Weg darin bestand, eine solche Verzögerung seitens der anderen Mächte herbeizuführen, dass der unvermeidliche Wettlauf um das Geheimnis von der Nation gewonnen werden würde, die er so scharfsinnig vertrat. Er argumentierte ziemlich treffend, dass die Wissenschaftler Englands, Russlands und Amerikas nicht untätig bleiben würden bei dem Versuch, die Ursache und den Ursprungsort der Phänomene sowie den Lebensraum des Meisters des Rings abzuleiten, und dass dies der einzige wirksame Weg sei Deutschland in die Lage zu versetzen, diese größte aller Kriegsbeute zu erobern, bedeutete, die Vertreter der anderen Nationen zu verwirren und die eigenen Nationen in ihren Bemühungen ungehindert zu lassen, das zu erreichen, was seine Landsleute fast ohne weitere Anstrengung zu den Herren der Welt machen würde . Der einfachste Weg, die Wissenschaftler der Welt zu verwirren, bestand nun darin, sie an einen Ort zu bringen und sie alle zu verwirren, und nachdem er mit seinen Vorgesetzten gesprochen hatte, hatte er dies auch getan. Er war ein kluger Mann, der in den hinterlistigen Methoden der Wilhelmstraße geschult war , und wenn er etwas erreichen wollte, hatte er fast zwangsläufig Erfolg. Doch trotz des angeblichen Bündnisses zwischen Kaiser und Gottheit schlägt der Mensch vor und Gott verfügt darüber, und manchmal bedient sich Letzterer bei dieser Anordnung der bescheidensten menschlichen Instrumente.

IX

Der kaiserlich-deutsche Kriegskommissar General Hans von Helmuth war ein Mann von außergewöhnlicher Entscheidungsfreudigkeit und Weitsicht. Er war 60 Jahre alt und seit seinem 40. Lebensjahr Mitglied des Generalstabs. Er hatte Bismarck und von Moltke zu Füßen gesessen und während seiner aktiven Teilnahme an der Leitung der deutschen Militärangelegenheiten hatte er nur geringfügige Änderungen in ihrer Politik erlebt: Masse – überwältigende Masse; Ein plötzlicher, gewaltiger Angriff und vor allem ein so schneller Angriff, dass Ihr Gegner nicht wieder auf die Beine kommen konnte. In neun von zehn Fällen funktionierte es, und wenn nicht, war es meist besser, als in die Defensive zu gehen. General von Helmuth war insofern von der Sorge befreit, dass er über ein genehmigtes System verfügte, denn er musste nur noch Einzelheiten ausarbeiten. Dabei erfolgte seine äußerst effiziente Organisation fast automatisch. Er selbst war ein menschliches Kompendium an Wissen, und er brauchte nur einen Knopf zu drücken und ein paar Kehllaute von sich zu geben, und schon lagen alle Informationen, die er wollte, getippt vor ihm. Jetzt saß er in seinem Büro, rauchte eine Bremer Zigarre und betrachtete eine riesige merkatorische Projektion des Atlantiks und angrenzender Länder, während er sich mit den Fingern seiner linken Hand seinen dichten Bart kämmte.

Vom Fenster aus blickte er auf die inneren Befestigungsanlagen von Mainz – wohin die Hauptstadt drei Monate zuvor verlegt worden war – und auf die Anlegestelle für die Erkundungsflugzeuge, die ständig ankamen oder nach Holland oder Straßburg davonschwirrten . Auf der anderen Seite des Flusses standen unter den verborgenen Kanonen einer versunkenen Batterie die riesigen Hangars der nun nutzlosen Luftschiffe Z $^{51\sim57}$. Der Landungssteg kommunizierte direkt per Telefon mit dem Büro des Adjutanten, einem riesigen Saal voller Karten, mit dem von Helmuths Privatzimmer verbunden war. Der Adjutant selbst, ein besorgt aussehender Mann mit Kugelkopf und eisengrauem Schnurrbart, stand an einem Tisch in der Mitte des Saals und richtete schnelle Sätze an verschiedene Personen, die im Türrahmen auftauchten, salutierten und wieder davon eilten . Mehrere Gruppen waren um den Tisch versammelt, und der Adjutant führte mit allen ein unterbrochenes Gespräch, hielt inne und las die Telegramme und Nachrichten vor, die aus den Rohrposträhren des Telegrafen- und Telefonbüros im Stockwerk darunter auf den Tisch schossen.

Ein älterer Mann in ziemlich schäbiger Kleidung trat ein und sah sich hilflos durch die dicken Gläser seiner Doppelbrille um, und der Adjutant wandte sich sofort von den ihn umgebenden Offizieren mit einem „Entschuldigung, meine Herren" ab.

„Guten Tag, Professor von Schwenitz , der General erwartet Sie", sagte er. "Hier entlang bitte."

Er stolzierte zur Tür des Innenbüros.

„Professor von Schwenitz ist hier", verkündete er und kehrte sofort zurück, um den Gesprächsfaden in der Mitte des Saals fortzusetzen.

Der General drehte sich schroff um, um seinen Besucher zu begrüßen. „Ich habe nach Ihnen geschickt, Professor", sagte er, ohne seine Zigarre abzunehmen, „damit ich die Methode, mit der Sie sagen, Sie hätten den Ursprungsort der drahtlosen Nachrichten und elektrischen Störungen ermittelt, auf die sich unser Bericht bezieht, vollständig verstehe Mitteilungen der letzten Woche. Dies kann eine ernste Angelegenheit sein. Die Richtigkeit Ihrer Informationen ist von entscheidender Bedeutung."

Der Professor zögerte verlegen und der General runzelte die Stirn.

"Also?" „Forderte er und biss das abgekaute Ende seiner Zigarre ab. „Nun? Das ist kein Hörsaal. Die Zeit ist knapp. Raus damit."

"Eure Exzellenz!" stammelte der arme Professor, „Ich – ich – Die Beobachtungen sind so – unzureichend – man kann nicht feststellen –"

"Was?" brüllte von Helmuth. „Aber du hast gesagt, du hättest es *getan* !"

„Nur ungefähr, Exzellenz. Man kann nicht sicher sein, aber innerhalb einer angemessenen Entfernung –" Er hielt inne.

„Wie nennt man einen angemessenen Abstand? Ich nahm an, dass Ihre Physik eine exakte Wissenschaft war!" erwiderte der General.

„Aber die Daten –"

„Wie nennt man einen angemessenen Abstand?" brüllte der kaiserliche Kommissar.

„Hundert Kilometer !" schrie plötzlich der überforderte Professor und verlor die Kontrolle über sich. „Ich werde nicht auf diese Weise angesprochen, verstehen Sie? Das werde ich nicht! Wie kann ein Mann denken? Ich bin Mitglied der Fakultät der Kaiserlichen Universität. Ich wurde zweimal ausgezeichnet – zweimal!"

„Fiddlesticks!" erwiderte der General wider Willen amüsiert. „Seien Sie nicht absurd. Ich möchte nur, dass Sie sich beeilen. Haben Sie eine Zigarre?"

„Oh, Eure Exzellenz!" protestierte der Professor, jetzt sowohl beschämt als auch verängstigt. „Sie müssen mich entschuldigen. Der Krieg hat meine Nerven zerstört. Darf ich rauchen? Danke."

„Setzen Sie sich. Nehmen Sie sich Zeit", sagte von Helmuth und schaute hinaus und hinauf zu einem Eindecker, der in langsam abnehmenden Spiralen auf den Landeplatz zusteuerte.

„Sehen Sie, Exzellenz", erklärte von Schwenitz , „die Daten sind fragmentarisch, aber ich habe drei Methoden verwendet und jede der anderen überprüft."

"Der erste?" schoss den General zurück. Das Eindecker war sicher gelandet.

„Ich habe die Aufzeichnungen aller Seismographen verglichen, die die Erdbebenwelle registriert hatten, die mit den elektrischen Entladungen einherging, die die großen gelben Polarlichter im Juli begleiteten. Diese Erschütterungen waren auf der ganzen Welt zu spüren, und ich sicherte mir Berichte aus Java, Neuguinea, Lima, Tucson, Greenwich, Algerien und Moskau. Diese zeigten, dass die Welle irgendwo im Osten Labradors ihren Ursprung hatte."

„Ja, ja. Weiter!" befahl der General.

„Zweitens scheinen die heftigen magnetischen Stürme, die von der Helium-Aurora erzeugt werden, jedes Mal ihre Spuren auf der Erde in Form einer dauerhaften, wenn auch geringfügigen Ablenkung der Kompassnadel hinterlassen zu haben. Das normale Magnetfeld der Erde scheint sich überlagert zu haben." Es ist ein neues Feld, das aus Kraftlinien besteht, die nahezu parallel zum Äquator verlaufen. Meine Berechnungen zeigen, dass diese großen Kreise des Magnetismus ungefähr an demselben Punkt in Labrador zentriert sind , den die Seismographen anzeigten — etwa fünfundfünfzig Grad Nord und fünfundsiebzig Grad Westen."

Der General schien davon beeindruckt zu sein.

„Permanente Ablenkung, sagen Sie!" er ejakulierte.

„Ja, anscheinend dauerhaft. Schließlich erzählten die Barometeraufzeichnungen die gleiche Geschichte, wenn auch in weniger präziser Form. Eine Kompressionswelle aus Luft hatte im hohen Norden begonnen und sich mit Schallgeschwindigkeit über die Erde ausgebreitet. Durch die Barographen selbst keinen Hinweis darauf gab, woher diese Welle kam, konnte die Variation ihrer Intensität an verschiedenen meteorologischen Observatorien durch das Gesetz der inversen Quadrate erklärt werden, basierend auf der Annahme, dass die Explosion, die die Welle auslöste, bei fünfundfünfzig Grad Nord, fünfundsiebzig Grad stattgefunden hatte Grad West."

Der Professor hielt inne und wischte sich die Brille ab. Mit einem Brüllen glitt eine Taube vom Landungssteg, schoss hinüber zu den Hangars und stieg in die Höhe.

"Ist das alles?" fragte der General und wandte sich wieder der Karte zu.

„Das ist alles, Exzellenz", antwortete von Schwenitz .

„Dann darfst du gehen!" murmelte der kaiserliche Kommissar. „Wenn wir die Quelle dieser Störungen dort finden, wo Sie vorhersagen, werden Sie den Schwarzen Adler erhalten."

„Oh, Eure Exzellenz!" protestierte der Professor, sein Gesicht strahlte vor Zufriedenheit.

„Und wenn wir es *nicht* finden, wird es eine freie Stelle an der Fakultät der Kaiserlichen Universität geben!" fügte er grimmig hinzu. "Guten Tag."

Er drückte einen Knopf und der abreisende Gelehrte wurde von einem Ordonnanzbeamten empfangen und aus dem Kriegsbüro eskortiert, während der Adjutant sich von Helmuth anschloss.

„Er hat ihn! Ich bin zufrieden!" bemerkte der Kommissar. „Jetzt skizzieren Sie Ihren Plan."

Der Mann mit dem Kugelkopf nahm den Messschieber und deutete auf eine Stelle an der Küste von Labrador:

„Unsere Expedition wird, vorbehaltlich Ihrer Zustimmung, am Hamilton Inlet landen und die Stadt Rigolet als Basis nutzen. Indem wir uns den Nascopee River und die Seen, durch die er fließt, zunutze machen, können wir leicht in das Hochland vordringen, wo der Erfinder von Die Ringmaschine hat sich geortet. Die Hilfsbrigantine *Sea Fox* liegt jetzt unter amerikanischen Flaggen in Amsterdam, und da sie fünfzehn Knoten pro Stunde erreichen kann, sollte sie in etwa zehn Tagen das Inlet erreichen und nördlich der Orkneys passieren.

„Welche Kraft meinen Sie?" fragte von Helmuth, seine kalten grauen Augen verengten sich.

„Drei volle Kompanien Pioniere und Bergleute, zehn Gebirgshaubitzen, eine Feldbatterie, fünfzig Schnellfeuer-Standgewehre und eine komplette Ausrüstung zum Werfen von Lyddit. Natürlich werden wir uns hauptsächlich auf Sprengstoffe verlassen, wenn es notwendig wird, Gewalt anzuwenden, aber. " Was wir wollen, ist eine Geisel, die später vielleicht ein Verbündeter wird."

„Ja, natürlich", sagte der General lachend. „Dies ist eine wissenschaftliche, keine militärische Expedition."

„Ich habe Leutnant Münster gebeten, über die notwendige Ausrüstung zu berichten."

Von Helmuth nickte, und der Adjutant trat zur Tür und rief: „Leutnant Münster!"

Ein gepflegter junger Mann in Marineuniform erschien auf der Schwelle und salutierte.

„Sagen Sie, welche Ausrüstung Sie für die geplante Expedition als notwendig erachten", sagte der General.

„Zwanzig Motorboote, von denen jedes in der Lage ist, mehrere Flachbodenkähne oder einheimische Kanus zu ziehen, vierzig Maultiere, ein Feldtelegraf sowie ein leistungsstarkes drahtloses Gerät, Äxte, Spaten, Drahtseile und Trommeln, Ankerwinden, Dynamit zum Sprengen usw Proviant für sechzig Tage. Wir werden vom Land leben und uns Handwerker und Träger unter den Eingeborenen sichern.

„Wann kann es losgehen?" fragte der General.

„In zwölf Tagen, wenn Sie jetzt den Befehl erteilen", antwortete der junge Mann.

„Sehr gut, du darfst gehen. Und viel Glück für dich!" er fügte hinzu.

Der junge Leutnant salutierte und drehte sich abrupt um.

Über dem Exerzierplatz schwebte ein Doppeldecker, der hin und her schoss und sich mit erstaunlicher Geschwindigkeit hob und senkte.

"Wer ist er?" fragte der General zustimmend.

„ Schöningen ", antwortete der Adjutant.

Der kaiserliche Kommissar griff in seiner Brusttasche nach einer weiteren Zigarre.

„Weißt du, Ludwig", bemerkte er freundlich, während er ein meditatives Streichholz anzündete, „manchmal glaube ich mehr als zur Hälfte, dass dieses ‚Flying Ring'-Geschäft völlig verrottet ist!"

Der Adjutant sah gequält aus.

„Und doch", fuhr Von Helmuth fort, „wenn Bismarck eines dieser Dinge sehen könnte", er deutete mit seiner Zigarre auf das kreiselnde Flugzeug , „würde er es nicht glauben."

X

Den ganzen Tag hatte die Internationale Versammlung der Wissenschaftler, offiziell als Konferenz Nr. 2 bekannt, im großen Hörsaal der Smithsonian Institution gesessen, kam aber nicht voran, wo es wahrscheinlich noch nie zuvor eine so bunte Versammlung gegeben hatte. Jede Nation hatte drei Vertreter entsandt, zwei professionelle Wissenschaftler und einen Laiendelegierten, letzteren einen Schriftsteller oder Denker, der in seinem eigenen Land für sein umfassendes Wissen und seine Fähigkeit zur Argumentation bekannt war. Sie waren am vereinbarten Tag zusammengekommen, obwohl die Delegierten aus den entlegeneren Ländern noch nicht eingetroffen waren und der Beglaubigungsausschuss bereits Bericht erstattet hatte. Deutschland hatte Gasgabelaus , Leybach und Wilhelm Lamszus geschickt ; Frankreich – Sortell , Amand und Buona Varilla ; Großbritannien – Sir William Crookes, Sir Francis Soddy und Mr. HG Wells, berühmt für seine Werke „Der Krieg der Welten" und „ Die befreite Welt" und daher angeblich genau der richtige Mann, um ein wissenschaftliches Rätsel wie das zu lösen, was konfrontierte diese Galaxie der Unsterblichen.

Das Komitee für Daten, dem Thornton angehörte, war fast zwei Wochen lang aktiv an der Arbeit und nutzte die drahtlose Kommunikation mit allen Observatorien – seismischen, meteorologischen, astronomischen und anderen – auf der ganzen Welt Diese ins Französische, Deutsche und Italienische übersetzte Broschüre war bereits unter den Anwesenden verteilt worden. Auf den Seiten war Quinns Brief an das Außenministerium enthalten.

Nach der Einberufung hielt der Präsident der Nationalen Akademie der Wissenschaften eine kurze Rede, in der er kurz den Zweck darlegte, zu dem das Komitee einberufen worden war, und in gewissem Umfang auf den Charakter der Phänomene einging, die es zu analysieren galt.

Und dann begann eine nicht enden wollende Reihe von Diskussionen und Erklärungen auf Französisch, Deutsch, Niederländisch, Russisch und Italienisch von glotzäugigen, buschigen, langhaarigen Männern, die wie Anarchisten oder Soziologen aussahen und offenbar noch nie zuvor eine uneingeschränkte Gelegenheit dazu gehabt hatten ihre Ansichten zu irgendetwas äußern.

Thornton war bestürzt und misstrauisch, als er sich dieses Durcheinander an technischen Details anhörte. Diese Männer sprachen eine ihnen offensichtlich vertraute Sprache, die er, obwohl er ein professioneller Wissenschaftler war, als bedeutungslosen Jargon empfand. Das Ganze schien unwirklich, hatte einen rein theoretischen oder literarischen Charakter, der ihn sogar ihre Prämissen in Frage stellen ließ. Als er in der trüben Luft des Ratssaals diesen kleinen dickbäuchigen *Professoren* aus Amsterdam und München zuhörte , überfielen ihn Zweifel, sogar Zweifel daran, dass die Erde ihre Umlaufbahn geändert hatte, Zweifel sogar an seinen eigenen etablierten Formeln und Tabellen. Haben sie nicht alle nur durch ihren Hut geredet? War es nicht lediglich ein Spiel, bei dem ein ausgeklügeltes System von Äquivalenten etwas, das in Wirklichkeit nichts anderes als ein Gedankenspiel war, den Anschein von Realität verlieh? Sogar Wells, dessen literarischer Stil er sowohl als eine der Schönheiten als auch als eines der Weltwunder bewunderte, war eine Enttäuschung gewesen. Er wirkte besonders zögerlich und wenig überzeugend.

„Ich wünschte, ich würde einen praktischen Mann kennen – ich wünschte, Bennie Hooker wäre hier!" murmelte Thornton vor sich hin. Er hatte seinen Klassenkameraden Hooker sechsundzwanzig Jahre lang nicht gesehen; Aber das war eine Sache an Hooker: Sie wussten, dass er genau derselbe sein würde – nur noch mehr –, wie er war, als Sie ihn das letzte Mal gesehen hatten. In diesen Jahren war Bennie Lawson-Professor für Angewandte Physik in Harvard geworden. Thornton hatte seine Aufsätze über induzierte Strahlung und thermisches Gleichgewicht gelesen und hatte einen von Bennies berühmten Gem Home Cookers in seiner eigenen kleinen Junggesellenwohnung. Hooker würde es wissen. Und wenn er es nicht täte, würde er es Ihnen sagen, ohne die Atmosphäre mit vielen Dingen zu belasten, die er *wusste* , aber das würde Ihnen nicht im Geringsten helfen. Thornton klammerte sich bei dem Gedanken an ihn fest wie an einen fallenden Aeronauten an einem baumelnden Seil. Er wäre tausendmal so viel wert wie diese träumenden Dozenten, diese biertrinkenden Visionäre! Aber wo war er zu finden? Es war August, Ferienzeit. Trotzdem könnte er in Cambridge einen Sommerkurs geben oder so.

In diesem Moment schlug Professor Gasgabelaus , der vorläufige Vorsitzende, ein riesiger Mann, dessen Bauchumfang mit dem Umfang des „arbeitenden Erdballs" am anderen Ende der Plattform konkurrierte, schwitzend mit seinem Hammer herum und verkündete, dass die Konferenz bis dahin vertagt werde am folgenden Montagmorgen. Es war Freitagnachmittag, also hatte er sechzig Stunden Zeit, um mit Bennie in Kontakt zu treten, falls Bennie entdeckt werden konnte. Auf ein Anfragetelegramm erhielt er keine Antwort, und so nahm er den Mitternachtszug nach Boston und erreichte Cambridge gegen zwei Uhr am folgenden Nachmittag.

Die Luft zitterte vor Hitze. Nur indem er aus dem Schatten einer großen Ulme zur nächsten auswich, gelang es ihm, lebend den Appian Way zu erreichen – die Straße, die im Universitätskatalog als Bennies Lebensraum angegeben ist. Als er das kleine Tor öffnete, wurde ihm mit einem seltsamen Gefühl klar, dass es dasselbe Haus war, in dem Hooker vor fünfundzwanzig Jahren als Student gelebt hatte.

„Board" stand auf einer gelben, verwehten Karte in der Ecke des Fensters neben der Tür.

Dort oben über der Veranda befand sich das Zimmer, in dem Bennie von 1985 bis 1989 gewohnt hatte. Er erinnerte sich lebhaft an die Nacht, in der er, Thornton, seinen Fuß durch die untere Scheibe gesteckt hatte. Sie hatten das Loch mit einem alten Golfstrumpf aufgefüllt. Seine Augen suchten neugierig nach der Scheibe. Da war es, immer noch zerbrochen und immer noch vollgestopft – das konnte nicht sein! – mit einem farblosen Material, das seltsamerweise an zerfallendes Kammgarn erinnerte. Die Sonne schlug ihm in den Nacken und trieb ihn dazu, die Entspannung auf der Veranda zu suchen. Hatte er Cambridge jemals verlassen? War es nicht ein Traum, Astronom zu werden und am Marineobservatorium zu arbeiten? Und all das Zeug über die Unruhe auf der Erde? Wenn er die Tür öffnen würde , würde er dann nicht Bennie vorfinden, der mit einem Handtuch um den Kopf für die „Prüfungen" büffelt? Einen Moment lang bildete er sich wirklich ein, er sei ein Student. Dann, als er sich mit seinem Strohhut Luft zufächelte, entdeckte er auf dem Seidenband im Inneren die Worte: „Smith's Famous Headwear, Washington, DC" Nein, er war wirklich ein Astronom.

Er schauderte trotz der Hitze, als er den Klingelknopf zog. Welche Geister würde sein Klingeln beschwören? Die Glocke gab jedoch keinen Ton von sich; Tatsächlich löste sich der Knauf in seiner Hand, gefolgt von einem etwa dreißig Zentimeter langen Kupferdraht. Er lachte und starrte es ausdruckslos an. Früher hatte noch nie jemand die Glocke benutzt. Sie hatten einfach die Tür aufgestoßen und gejubelt : „Ooh, Bennie Hooker!"

Thornton legte den Türknauf auf die Piazza und inspizierte die Vorderseite des Hauses. Die Fenster waren voller Staub, der „Hof" voller Unkraut. Ein Stück Schnur hielt den Riegel des Tors zusammen. Dann drehte Thornton automatisch und ohne die Absicht, dies zu tun, die Klinke der Vordertür, unterstützte sie zufällig mit einem sanften Tritt seines rechten Zehs, und befand sich in dem engen, nach Kohl duftenden Flur. Der alte, vertraute, ramponierte Garderobenständer aus schwarzem Walnussholz aus seiner Studienzeit lehnte betrunken an der Wand – Thornton wusste, dass eines seiner Hinterbeine fehlte – und auf der Platte aus Marmorimitat lag ein an „Professor Benjamin Hooker" adressiertes Telegramm. Und außerdem erhob Thornton instinktiv seine erwachsene Stimme und schrie:

„Ooh, ja-ay! Bennie Hooker!"

Die Lautstärke seines eigenen Tons erschreckte ihn. Er erkannte sofort, wie lächerlich es war – er, der leitende Astronom am Marineobservatorium, schrie so:

„Ooh, ja-ay!" kam in gedämpfter Stimme von oben.

Thornton sprang die Treppe hinauf, zwei, drei Stufen auf einmal, und hämmerte gegen die alte Tür über der Veranda.

"Geh weg!" kam die Stimme von Bennie Hooker zurück. „Ich will kein Mittagessen!"

Thornton klopfte weiter an die Tür, während Professor Hooker den Eindringling wütend anflehte, zu gehen, bevor er aktiv Maßnahmen ergriff. Es gab das Knacken von Glas.

"Verdammt!" kam von innen.

Thornton rüttelte am Knauf und trat. Jemand durchquerte zögernd den Raum, der Schlüssel drehte sich um und Prof. Bennie Hooker öffnete die Tür.

"Also?" „Forderte er und blickte finster über seine dicke Brille hinweg.

„Hallo, Bennie!" sagte Thornton und streckte seine Hand aus.

„Hallo, Buck!" gab Hooker zurück. „Komm rein. Ich dachte, es wäre dieser verdammte Äthiopier."

Soweit Thornton sehen konnte, war es derselbe alte Raum, nur jetzt vollgestopft mit Büchern und Broschüren und überfüllt mit Instrumententischen. Hooker, gekleidet in Turnschuhen, weißen Enten und einem Unterhemd, rauchte eine kleine „TD"-Pfeife.

„Wo zum Teufel kommst du her?" erkundigte er sich gutmütig.

„Washington", antwortete Thornton, und etwas sagte ihm, dass dies das Echte war – die „Ware" –, dass seine Reise zurückgezahlt werden würde.

Hooker winkte mit dem „TD" ganz allgemein in Richtung einiger kaputter Rosshaarsessel und einer leeren Kiste.

„Setzen Sie sich, nicht wahr?" sagte er, als hätte er seinen Gast erst am Tag zuvor gesehen. Er sah sich vage nach etwas um, das Thornton rauchen könnte, und setzte sich dann auf eine vollgestopfte Bank mit einer Reihe von Retorten, neben denen ein Autogenbrennrohr brannte. Er war ein schrumpeliger kleiner Kerl mit einem dürren Hals und einem hervorstehenden Adamsapfel. Sein langes Haar ließ keinen Hinweis auf die Verwendung des Kamms erkennen, und seine Hände waren die Hände Esaus. Er hatte eine Wachsamkeit, die an ein Rotkehlchen erinnerte, erweckte aber gleichzeitig den Eindruck, als würde er durch die Dinge hindurchsehen, statt sie anzusehen. Auf dem Kaminsims stand eine Untertasse mit den schnell oxidierenden Kernen mehrerer Äpfel und einer halb aufgegessenen Schachtel Haferkekse.

„Mein Herr! Das ist ein unordentliches Loch! Nicht mehr Ordnung als damals, als Sie noch Student waren!" rief Thornton und sah sich amüsiert und entsetzt um.

"Befehl?" erwiderte Bennie empört. „Alles ist in bester Ordnung! Dieser Stuhl ist mit den Briefen gefüllt, die ich bereits beantwortet *habe* ; dieser Stuhl mit den Briefen, die ich *nicht* beantwortet habe; und dieser Stuhl mit den Briefen, die ich *nie* beantworten werde!"

Thornton nahm lachend auf der Kiste Platz. Es war derselbe alte Bennie!

„Du bist ein Unverbesserlicher!" er seufzte verzweifelt.

„Nun, Sie sind ein Sterngucker, nicht wahr?" fragte Hooker und zündete seine Pfeife wieder an. „ Jemand hat es mir erzählt – ich weiß nicht mehr wer. Du musst eine Menge interessanter Probleme haben. Mir wurde gesagt, dass dein neuer Planet voller Uran ist."

Thornton lachte. „Sie dürfen nicht alles glauben, was Sie in der Zeitung lesen. Woran arbeiten Sie besonders?"

„Oh, hauptsächlich Radium und thermische Induktion", antwortete Hooker. „Und wenn ich mich ausruhen möchte, versuche ich es mit der vierten Dimension – räumliche Krümmung ist mein Hobby. Aber ich arbeite immer an Radio-Sachen. Da werden die großen Dinge zustande kommen, wissen Sie."

„Ja, natürlich", antwortete Thornton. Er fragte sich, ob Hooker jemals eine Zeitung gesehen hatte und wie lange es her war, seit er das Haus verlassen hatte. „Übrigens, wussten Sie, dass Berlin eingenommen wurde?" er hat gefragt.

„Berlin – in Deutschland, meinst du?"

„Ja, von den Russen."

„Nein! Hat es?" fragte Hooker höflich. „Oh, ich glaube, jemand hat es erwähnt."

Thornton suchte nach einer Zigarette und Bennie reichte ihm ein Streichholz. Sie schienen außerordentlich wenig zu Männern zu sagen zu haben, die sich sechsundzwanzig Jahre lang nicht gesehen hatten.

„Ich nehme an", fuhr der Astronom fort, „Sie denken, dass es verdammt komisch ist, dass ich nach all der Zeit so beiläufig vorbeigekommen bin, aber

Tatsache ist, dass ich mit Absicht gekommen bin. Ich möchte direkt ein paar Informationen von Ihnen bekommen."

"Fortfahren!" sagte Bennie. „Worum geht es?"

„Nun, mit einem Wort", antwortete Thornton, „die Erde ist fast eine Viertelstunde hinter der Zeit zurück."

Hooker nahm diese Ankündigung mit höflichem Interesse, aber ohne Erstaunen auf.

„Das ist eine Anleitung!" bemerkte er. „Was ist los?"

„Das ist es, was ich möchte, dass du es *mir sagst*", sagte Thornton streng. „Was *könnte* es tun?"

Hooker löste seine Beine und schlenderte zum Kaminsims.

„Haben Sie einen Cracker?" fragte er und bediente sich. Dann nahm er ein Stück Holz und begann mit dem Schnitzen. „Ich nehme an, da ist der Teufel zu bezahlen?" er schlug vor. „Aufruhr und so weiter? Atmosphärische Veränderungen? Wann ist das passiert?"

„Vor etwa drei Wochen. Dann ist da noch dieses Sahara-Geschäft."

„Was für ein Sahara-Geschäft?"

„Hast du es nicht gehört?"

„Nein", antwortete Hooker ziemlich ungeduldig. „Ich habe nichts gehört. Ich habe keine Zeit, die Zeitungen zu lesen; ich bin zu beschäftigt. Meine thermischen Induktortransformatoren sind letzte Woche geschmolzen und ich bin völlig in der Luft. Was war das?"

„Oh, egal", sagte Thornton hastig, da er erkannte, dass Hookers Unwissenheit ein zusätzlicher Vorteil war. Er würde seine Wissenschaft rein erhalten, frei von beunruhigenden Tatsachenfragen. „Wie wäre es, wenn die Erde diese Viertelstunde verlieren würde?"

„ Natürlich ist sie außerhalb ihrer Umlaufbahn", bemerkte Hooker distanziert. „Und du willst wissen, was das bewirkt hat? Gib dir keine Vorwürfe. Ich nehme an, du hast dich schon mit den Möglichkeiten einer herausragenden Anziehung beschäftigt."

„Rabatt das!" befahl Thornton. „Was ich wissen möchte ist, ob es von innen passieren könnte?"

"Warum nicht?" fragte Hooker. „Eine allgemeine Verschiebung der Masse würde es bewirken. Das gleiche gilt auch für die bloße Anwendung von Kraft am richtigen Punkt."

„Das ist noch nie passiert."

„Natürlich nicht. Bis Burbank kam, gab es auch keine kernlosen Orangen",
sagte Hooker.

„Halten Sie es für möglich, dass es durch menschliches Handeln möglich
wäre?" fragte Thornton.

"Warum nicht?" wiederholte Hooker. „Alles, was Sie brauchen, ist die
Energie. Und sie liegt überall herum, wenn Sie sie nur erreichen könnten.
Das ist genau das, woran ich gerade arbeite. Radium, Uran, Thorium,
Actinium – alle radioaktiven Elemente – sind, wie jeder weiß, Sie zerfallen
ständig und entladen dabei die enorme Energie, die in ihren Molekülen
gefangen ist. Es kann Generationen, Epochen, Jahrhunderte dauern, bis sie
sich davon befreien und sich in andere Substanzen verwandeln, aber
irgendwann werden sie das unweigerlich tun. Sie tun es mit mehr oder
weniger rasend schnell, was alle Elemente in ihrer Freizeit tun. Eine einzige
Unze Uran enthält ungefähr die gleiche Energiemenge, die durch die
Verbrennung von zehn Tonnen Kohle erzeugt werden könnte – aber sie lässt
die Energie nicht los Stattdessen hält es sie fest, und die Energie entweicht
langsam, fast unmerklich, wie Wasser aus einem großen Reservoir, das nur
durch ein winziges Rohr angezapft wird. „Atomenergie" nennt Rutherford
es. Jedes Element, jede Substanz ist bereit dazu ausgelöst und genutzt
werden. Der Kerl, der herausfindet, wie er diese Energie auf einmal freisetzen
kann, wird die zivilisierte Welt revolutionieren. Es wird wie die Entdeckung
sein, dass Wasser in Dampf umgewandelt und für uns arbeiten lässt –
millionenfach vervielfacht. Wenn diese Energie nicht einfach versickert und
das Uran sich jedes Jahr unendlich klein auflöst, sondern zu einem
bestimmten Zeitpunkt explodiert, könnte man mit einer Handvoll davon
einen Ozeandampfer antreiben. Sie könnten den alten Globus herumtaumeln
lassen und auf den Kopf stellen! Die Menschheit könnte einfach eine Pause
einlegen und Urlaub machen. Aber *wie* ?"

Bennie winkte Thornton begeistert mit seiner Pfeife zu.

„Wie! Das ist die Frage. Jeder kennt die Möglichkeiten, denn Soddy hat ein
Buch darüber geschrieben; aber niemand hat jemals vorgeschlagen, wo der
Schlüssel zu finden sein könnte, um dieses Schatzhaus der Energie zu öffnen.
Irgendein Kerl hat sich einmal einen Roman ausgedacht und so getan, als ob
er es getan hätte war fertig, aber er sagte nicht , *wie* ... Aber" – und er senkte
leidenschaftlich seine Stimme – „Ich arbeite daran und – und – ich habe es
fast – fast geschafft."

Thornton, angesteckt von der Aufregung seines Freundes, beugte sich in
seinem Stuhl nach vorne.

„Ja – fast. Wenn nur meine Transformatoren nicht geschmolzen wären! Sie sehen, ich habe die Idee von Savaroff , der bemerkte, dass die Aktivität von Radium und anderen Elementen nicht konstant war, sondern mit dem Grad der Sonnenaktivität schwankte und ihr Maximum erreichte in den Perioden, in denen die Sonnenflecken am zahlreichsten waren. Mit anderen Worten: Er hat gezeigt, dass der Zerfall der Atome des Radiums und der anderen radioaktiven Elemente nicht spontan erfolgt, wie Soddy und andere angenommen hatten, sondern auf die Wirkung bestimmter Faktoren zurückzuführen ist extrem durchdringende Strahlen, die von der Sonne ausgehen. Diese besonderen Strahlen sind das Ergebnis der enormen Temperatur der Sonnenatmosphäre und ihre Wirkung auf radioaktive Substanzen ist analog zu der der Sprengkapsel auf Dynamit. Niemand war in der Lage, diese Strahlen zu erzeugen im Labor, obwohl Hempel manchmal vermutet hat, dass Spuren davon in der Strahlung starker elektrischer Funken auftraten. Alles kam zum Stillstand, bis Hiroshito die thermische Induktion entdeckte und wir in der Lage waren, die Temperatur durch einen der Induktion ähnlichen Prozess fast unbegrenzt zu erhöhen hohe elektrische Potentiale mittels Transformatoren und der Ruhmkorff- Spule.

„ Hiroshito war nicht auf der Suche nach einem explodierenden Strahl und hatte keine Zeit, sich damit zu befassen, aber ich habe mit diesem Ziel eine Reihe von Experimenten begonnen. Ich war nah dran – ich bin nah dran, aber die Schwierigkeit bestand darin, ihn zu kontrollieren Kräfte in Gang gesetzt, denn der schnelle Temperaturanstieg hat den Apparat schon immer zerstört.“

Thornton pfiff. „Und wenn es dir gelingt?“ fragte er flüsternd.

Hookers Gesicht war verklärt.

„Wenn es mir gelingt , werde ich die Welt beherrschen“, rief er und seine Stimme zitterte. „Aber das verdammte Ding schmilzt oder explodiert“, fügte er mit einem Anflug von Empörung hinzu.

„Sie wissen natürlich von Hiroshitos Experimenten; er benutzte eine Quarzbirne, die eine Mischung aus Neongas und Quecksilberdampf enthielt und in der Mitte einer Spule aus Silberdraht platziert war, die einen starken oszillierenden Strom durchführte. Dies löste eine Ringentladung im Inneren aus Die Temperatur des Dampfgemisches stieg an, bis die Kugel schmolz. Er berechnete, dass die Temperatur des Teils des Dampfes , der den Strom transportierte, über 6.000° betrug. Sie sehen, die Ringentladung hat keinen Kontakt mit der Wand der Kugel Glühbirne und kann daher viel heißer sein. Es ist so. Hier zeichnete Bennie mit einem abgebrannten Streichholz auf die Rückseite eines Umschlags ein Diagramm von etwas, das einem Donut in einer Chianti-Flasche ähnelte.

Thornton kratzte sich am Kopf. „Ja", sagte er, „aber das ist ein altes Prinzip, nicht wahr? Warum nennt Hiro – wie heißt er – es – thermische Induktion?"

„Wahrscheinlich orientalische Fantasie", antwortete Bennie. „ Hiroshito beobachtete, dass in dem Moment, als die Silberspule seines Transformators weißglühend wurde, ein plötzlicher Anstieg der Temperatur der Entladung auftrat, was er mit einer mysteriösen induktiven Wirkung der Wärmeschwingungen erklärte. Ich kann ihm überhaupt nicht folgen. Seine Theorie ist wahrscheinlich völlig falsch, aber er hat die Ware geliefert. Er hat mir den richtigen Tipp gegeben, auch wenn ich ihn jetzt am Mast festgezurrt habe. Ich verwende in meinem Transformator eine Wolframspirale in einer Stickstoffatmosphäre und ersetze die Quarzbirne durch eine Kapsel aus Zirkorund ."

„Eine Kapsel wovon?" fragte Thornton, dessen Chemie mittelviktorianisch war.

„ Zirkorund ", sagte Bennie und tastete in einer Schublade seines Arbeitstisches herum. „Es ist ein absoluter Nichtleiter für Wärme. Schauen Sie, stecken Sie einfach Ihren Finger hinein." Er hielt Thornton etwas hin, das wie ein kleines Reagenzglas aus schwarzem Glas aussah. Thornton tat mit einem leichten moralischen Zögern, was ihm geheißen wurde, und Bennie ergriff pfeifend das Autogen-Blasrohr und betrachtete es etwa so, wie ein Hundeliebhaber einen außergewöhnlich schönen Welpen betrachten würde. „Halten Sie Ihren Finger hoch", sagte er zum Astronomen. „Das stimmt – so!"

Er schob das Blasrohr nach vorne und ließ zu, dass sich die zischende blauweiße Flamme um die Außenwand des Rohrs wickelte – eine Flamme, von der Thornton wusste, dass sie einen Stahlblock durchschmelzen konnte –, aber der Astronom spürte kein Hitzegefühl, obwohl er Es war nicht unnatürlich, dass das Mitglied verbrannt werden würde.

„Komisch, was?" sagte Bennie. „Absolute Isolierung! Besser als eine Thermosflasche und erfordert kein Vakuum. Es ist jedoch nicht ganz das, was ich will, weil die zerfallenden Strahlen, die die Ringentladung aussendet, das Zirkonium zersetzen, das kein Endprodukt der Radioaktivität ist." Der Druck in der Kapsel steigt durch die Freisetzung von Helium, und sie explodiert, und die Wirtin oder die Polizei kommen und belästigen mich."

Thornton untersuchte Bennies grobes Diagramm. „Diese Ringentladung", dachte er; „Ich frage mich, ob es sich nicht um so etwas wie einen Sonnenfleck handelt. Sie wissen, dass es sich bei den Flecken um Elektronenwirbel mit starken Magnetfeldern handelt. Ich wette, dass die Savaroff- Zerfallstrahlen von den Flecken kommen und nicht von der gesamten Sonnenoberfläche!"

„Mein Wort", sagte Bennie mit einem entzückten Grinsen, „Sie haben gelegentlich eine aufschlussreiche Idee, selbst wenn Sie ein muffiger Astronom sind. Ich dachte immer, Sie wären eine Art Rechenmaschine, die auf einem Logarithmustisch schläft. Ich schulde es." Ihr zwei trinkt für diesen Vorschlag, und um euch den Durst einzujagen, zeige ich euch ein Experiment, das noch kein lebender Mensch zuvor gesehen hat. Ich kann noch keine sehr starken zerfallenden Strahlen erzeugen, aber ich kann Uran abbauen, was ist das einfachste von allen. Später kann ich, wenn ich Glück habe, alles auflösen, also alles außer Endprodukten. Dann wirst du sehen, wie die Dinge fliegen. Aber vorerst nur das." Er nahm eine dünne Platte aus weißem Metall. „Dies ist das Metall, das wir angreifen werden, Uran – der Stammvater von Radium – und die gesamte radioaktive Reihe, endend mit dem Endprodukt Blei."

Er hängte die Platte an zwei dünnen Drähten auf, die an den Ecken befestigt waren, und richtete eine Drahtspule gegenüber ihrer Mitte aus , während er in die Spule eine kleine schwarze Kapsel schob.

„Das ist das Beste, was wir jetzt tun können", sagte er. „Die Kapsel besteht aus Zirkorund , und wir werden nur eine Spur der zerfallenden Strahlen sehen, bevor sie explodiert. Aber Sie werden sie sehen , oder besser gesagt, Sie werden die lavendelfarbene Phosphoreszenz der Luft sehen, durch die sie gehen." ."

Er platzierte eine dicke Glasplatte zwischen Thornton und dem Thermotransformator und schloss einen Schalter, indem er an die Wand trat. Eine oszillierende Funkenentladung begann mit einem Brüllen in einem geschlossenen Kasten, und die Drahtspule wurde weißglühend.

„Achten Sie auf den Teller!" rief Bennie.

Und Thornton sah zu.

Zehn oder fünfzehn Sekunden lang passierte nichts, dann schoss ein schwacher Strahl blassen lavendelfarbenen Lichts aus der Kapsel, und die Metallplatte schwang von der Glühwendel weg, als würde sie von einer sanften Brise geblasen.

Fast augenblicklich ertönte ein lauter Knall und ein blendender gelber Lichtblitz, der so hell war, dass für Thorntons Augen der Raum für einen oder zwei Augenblicke dunkel schien. Langsam erlangte das Nachmittagslicht wieder seine normale Qualität. Bennie zündete seine Pfeife unbekümmert wieder an.

„Das ist der Kern der Idee", sagte er zwischen den Zügen. „Diese Kapsel enthält eine Mischung aus Dämpfen , die zerfallende Strahlen abgeben, wenn die Temperatur durch thermische Induktion über sechstausend steigt. Die meisten davon werden durch die Zirkoniumatome in der Kapsel gestoppt, die zerfallen und Helium freisetzen; und die Temperatur steigt." in der Kapsel, bis sie, wie Sie gerade gesehen haben, mit einem Blitz aus gelbem Heliumlicht explodiert. Die austretenden Strahlen treffen auf die Uranplatte und bewirken, dass die Oberflächenschicht der Moleküle zerfällt und ihre Produkte durch die Atomexplosionen mit ausgetrieben werden eine Geschwindigkeit, die etwa der des Lichts entspricht, und es ist der Rückstoß, der die Platte ablenkt und schwingt. Die Menge an Uran, die in diesem Experiment zersetzt wurde, konnte nicht mit der empfindlichsten Waage erfasst werden – kleine Masse, aber enorme Geschwindigkeit. Sehen Sie?"

„Ja, ich verstehe", antwortete Thornton. „Es ist das alte ‚Impuls ist gleich Masse mal Geschwindigkeit'-Geschäft, das wir in der Mechanik hatten."

„ Natürlich ist das nur ein Spielzeugexperiment", fuhr Bennie fort. „Es ist das, was die tanzenden Markkugeln zu Franklins Zeiten für den multipolaren Hochfrequenz-Dynamo waren. Aber wenn wir diese Kraft kontrollieren und im großen Maßstab handhaben könnten , könnten wir alles damit machen – die Welt zerstören, ein Auto gegen die Schwerkraft fahren." in den Weltraum, vielleicht die Erdachse verschieben!"

Als Thornton mit der Zigarette in der Hand dasaß, wurde ihm klar, dass der arme Bennie Hooker die Enttäuschung seines Lebens erleben würde. Innerhalb der nächsten fünf Minuten würden seine Träume zunichte gemacht werden, denn er würde erfahren, dass ein anderer vor ihm in den Teich der Entdeckung hinabgestiegen war. Er fragte sich, wie viele Jahre lang Bennie daran gearbeitet hatte, seinen geheimnisvollen Strahl zu erzeugen, der das Atom zerschlagen und den Energievorrat freisetzen sollte, den die Genies der Natur dort verborgen hatten. Und jetzt muss Thornton ihm sagen, dass alle seine Bemühungen umsonst waren!

„Und Sie glauben, dass jeder , der einen Strahl erzeugen könnte, wie Sie ihn beschreiben, die Bewegung der Erde kontrollieren könnte?" er hat gefragt.

„Natürlich, sicherlich", antwortete Hooker. „Entweder könnte er so große Mengen an Materie zersetzen, dass sich die Masse der Erde verschiebt und ihre Polachse ändert, oder er könnte, wenn radioaktive Substanzen – zum Beispiel Pechblende – freiliegend auf der Erdoberfläche liegen, sie dazu bringen, ihr Helium zu entladen." und andere Produkte mit einer so enormen Geschwindigkeit, dass der Rückstoß oder die Reaktion die Bewegung des Globus beschleunigen oder verlangsamen würde. Es wäre durchaus machbar, ganz einfach – alles, was man bräuchte, wäre der zerfallende Strahl."

Und dann erzählte Thornton Hooker vom Flug der riesigen Ringmaschine aus dem Norden und der Zerstörung des Atlasgebirges durch die offensichtliche Manipulation eines lavendelfarbenen Lichtstrahls. Hookers Gesicht wurde leicht blass und sein unrasierter Mund verzog sich. Dann erhellte ein Lächeln der Begeisterung sein Gesicht.

„Er hat es geschafft!" er weinte freudig. „Er hat es im technischen Maßstab geschafft. Wir reinen Wissenschaftsträumer rümpfen die Nase über die Ingenieure, aber ich sage Ihnen, die Verbesserungen im Geräteteil des Spiels kommen dann, wenn eine große kommerzielle Nachfrage nach einer Sache besteht und die Technik-Jungs Ergreife es. Aber *wer* ist er und *wo* ist er? Ich muss zu ihm gelangen. Ich glaube nicht, dass ich ihm viel beibringen kann, aber ich habe ein großartiges Experiment, das wir gemeinsam ausprobieren können.

Er wandte sich einem übersäten Schreibtisch zu und stöberte in den Papieren herum, die dort lagen.

„Sehen Sie", erklärte er aufgeregt, „wenn es irgendetwas in der Quantentheorie gibt – Oh! Aber das interessiert Sie nicht. Der Punkt ist, wo *ist* der Kerl?"

Und so musste Thornton am Anfang beginnen und Hooker alles über die mysteriösen Botschaften und die damit verbundenen Phänomene erzählen. Er ging ausführlich auf die wohlwollenden Absichten von Pax und die großen Probleme ein, die die geplante Einmischung der Regierung der Vereinigten Staaten in kontinentale Angelegenheiten mit sich brachte, aber Bennie fegte sie beiseite. Seiner Meinung nach bestand das Großartige darin, Pax zu finden und mit ihm in Kontakt zu treten.

„Ah! Wie muss er sich fühlen! Die größte Errungenschaft aller Zeiten!" rief Hooker strahlend. „Wie ekstatisch glücklich! Die Erde blüht wie die Rose! Gut bewässerte Täler, wo früher Wüsten waren. Krieg abgeschafft, Armut, Krankheit! Wer kann es sein? Curie? Nein, sie ist in Paris abgefüllt. Posky , Langham, Varanelli – das kann' „Es ist keiner von diesen Kerlen. Es ist mir überlegen! Vielleicht ein Hindu oder Japaner, aber niemals Hiroshito ! Jetzt müssen wir uns sofort an ihn wenden. Es gibt so viel zu besprechen." Er ging durch den Raum, stolperte in Dinge hinein, benommen von dem Gedanken, dass sein großer Traum wahr geworden war. Plötzlich fegte er alles vom Tisch auf den Boden und schlug mit den Absätzen in die Luft.

"Hurra!" schrie er und tanzte durch den Raum wie ein Neuling. „Hurra! Jetzt kann ich Urlaub machen. Und wenn ich darüber nachdenke, bin ich hungrig wie ein Brontosaurus!"

In dieser Nacht kehrte Thornton nach Washington zurück und war am folgenden Tag um neun Uhr im Weißen Haus.

„Es ist alles klar“, sagte er dem Präsidenten. „Der ehrlichste Mann der Vereinigten Staaten hat es gesagt.“

XI

Der Mond ging über dem schlafenden Paris auf, versilberte die stillen Ufer der Seine, überflutete die verlassenen Straßen mit sanftem Licht und retuschierte sanft alle Entstellungen der Belagerung. Kein Licht beleuchtete die Cafés, keine Taxis rasten über die Boulevards, keine Menschenmassen tummelten sich auf dem Place de l'Opéra oder dem Place Vendôme . Doch ohne diese Tatsachen hätte es das Paris der alten Zeit sein können, ohne Hunger, Elend und Tod. Die Ausgangssperre war verkündet. Jeder Bürger war längst hineingegangen, hatte sein Licht gelöscht und seine Tür verschlossen. Sicher in dem Wissen, dass der zweite Vormarsch der Deutschen endlich abgewehrt worden war und sechzig Meilen vor den Mauern effektiv blockiert wurde und dass ein Waffenstillstand für Mitternacht in Kraft getreten war, schlummerte Paris friedlich.

Jenseits der mit Schrotkugeln übersäten Felder und Glacis der zweiten Verteidigungslinie hatte der Eindringling nach einer Reihe schrecklicher Angriffe innegehalten, sich ein paar Meilen zurückgezogen und sich verschanzt, um dort zu warten, bis die hungernde Stadt kapitulieren würde. Vier Monate lang hatte er gewartet, doch Paris machte keine Anzeichen einer Kapitulation. Im Gegenteil schien es über mysteriöse Mittel zur Selbstversorgung zu verfügen, und das Kriegsministerium berichtete im täglichen Austausch mit London, dass es die Investition auf unbestimmte Zeit aushalten könne. In der Zwischenzeit verschanzten sich die Deutschen wieder, bauten eigene Festungen, auf denen sie die für die Mauern vorgesehenen Belagerungsgeschütze montierten, und errichteten eine uneinnehmbare Linie aus Verflechtungen, Schanzen und Verteidigungsanlagen , die es für keine Armee außerhalb der Stadt unmöglich machte, an sie heranzukommen Erleichterung.

So ging der Mond auf, ließ die Millionen von Schieferdächern weiß werden, vergoldete das Maßwerk der Türme von Notre Dame und verdunkelte die Scheinwerfer, die wie die Antennen riesiger Glühwürmchen vom Gipfel des Eiffelturms aus ständig um die Stadt kreisten. So schlief Paris, zuversichtlich, dass kein Einschlag herabstürzender Bomben das blaue Gewölbe des Sternenhimmels zertrümmern oder die Behausungen, in denen zwei Millionen Menschen lagen, zerreißen würde, und versicherte, dass die Sonne durch die grauen Nebel der Seine über den antiken Schönheiten aufgehen würde dass die Tuillerien und der Louvre nicht von feindlichen Projektilen beschädigt werden und dass seine Bürger sich frei auf seinen Boulevards bewegen können, ohne dass ihnen der Tod durch fliegende Raketen droht. Denn keine Granate konnte über eine Distanz von sechzig Meilen geschleudert werden, und es war ein Waffenstillstand erklärt worden.

Hinter einem kleinen Hügel innerhalb der deutschen Befestigungsanlagen stand eine Gruppe von Offizieren im Mondlicht und untersuchte etwas, das oberflächlich wie der Hangar eines kleinen Luftschiffs aussah. Hinter dem Hügel gelegen, warf es einen schwarzen, rechteckigen Schatten auf den zertrampelten Sand der Redoute. Zwanzig Handwerker waren damit beschäftigt, einen tiefen Graben zu füllen, durch den irgendwo ein riesiges Rohr führte – eine Art tödliches Rohr, denn das Haus beherbergte eine riesige Kanone, die durch Mäntel aus Blei und Stahl verstärkt war , und das Ganze war von einem aufwendig gefertigten Kühlapparat umgeben . Von der offenen Seite des Hauses aus erhob sich der zylindrische Lauf der gigantischen Kriegsmaschine in einem Winkel von vierzig Grad in die Luft, und von der Mündung bis zum Boden fiel eine Fallhöhe von über achtzig Fuß. Auf einem nach Norden verlaufenden Gleis lagen die Projektile nebeneinander und ähnelten im trüben Licht einer Reihe von Dampfkesseln auf dem Hof einer Lokomotivenfabrik.

„Nun", bemerkte einer der Offiziere und wandte sich an den einzigen seiner Kameraden, der keine Uniform trug. „,Thanatos' ist bereit."

Der angesprochene Mann war von Heckmann , der berühmteste Erfinder militärischer Kampfmittel der Welt, der für seine Verdienste um den Kaiser bereits viermal ausgezeichnet wurde .

„Die Arbeit von neun Jahren!" er antwortete mit Emotionen. „Neun lange Jahre der Selbstverleugnung und des unablässigen Lernens! Aber heute Nacht werde ich belohnt, tausendmal."

Die Beamten schüttelten ihm nacheinander die Hand, und die Gruppe löste sich auf; Die Männer, die den Graben füllten, beendeten ihre Arbeit und zogen ab. und von Heckmann und der Generalmajor der Artillerie blieben allein übrig, mit Ausnahme der Wachposten neben dem Geschütz. Die Nacht war mild und der Mond stand am wolkenlosen Himmel hoch über dem Hügel. Sie durchquerten die Umzäunung, gefolgt von den beiden Wachposten, und gelangten durch einen Durchgang zur Außenwand der Schanze, die wiederum geschlossen und verschlossen war. Hier blieben die Wachposten, aber von Heckmann und der General gingen ein Stück hinter den Befestigungen weiter.

„Na, sollen wir den Ball beginnen?" fragte der General und legte von Heckmann seine Hand auf die Schulter. Doch es fiel dem Erfinder so schwer, seine Gefühle zu beherrschen, dass er nur mit dem Kopf nicken konnte. Doch der Ball, auf den der General anspielte, war die Entladung einer teuflischen Kriegsmaschinerie auf eine ahnungslose und harmlose Stadt voller schlafender Menschen, und die Rührung des Erfinders beruhte auf der

Tatsache, dass er die grausamste Todesmaschine erfunden und fertiggestellt hatte jemals vom menschlichen Geist erdacht – die Relay Gun. So schrecklich der Gedanke auch sein mag, dieser ansonsten normale Mann hatte ganze neun Jahre dem Problem gewidmet, wie man menschliches Leben in einer Entfernung von hundert Kilometern vernichten könne , und schließlich hatte er Erfolg gehabt, und ein Kaiser hatte ihn mit seinem eigenen, von Gott ernannten Mann beauftragt reicht ein Band über die Stelle, unter der sein Herz hätte sein sollen.

Das Projektil dieser teuflischen Erfindung hatte einen Durchmesser von 95 Zentimetern und war selbst ein gezogener Mörser, der im vollen Flug, zwanzig Meilen von der Kanone entfernt und auf dem Höhepunkt seiner Flugbahn, mitten in der Luft explodierte und sein enthaltenes Projektil nach vorne schleuderte mit einer zusätzlichen Geschwindigkeit von dreitausend Fuß pro Sekunde. Dieser Vorgang wiederholte sich, und die letzte oder Kernbombe, die über dreihundert Pfund wog und mit Lyddit gefüllt war, erreichte ihr Ziel eine Minute und fünfunddreißig Sekunden nach dem Abfeuern der Kanone. Dieses krönende Beispiel des zerstörerischen Einfallsreichtums des menschlichen Geistes hatte die deutsche Regierung fünf Millionen Mark gekostet und drei Jahre für seinen Bau benötigt, und keineswegs die geringste seiner teuflischen Fähigkeiten bestand darin, sich alle zehn automatisch neu zu laden und abzufeuern Sekunden, wobei sich die Mündung bei jedem Schuss hebt, senkt oder leicht von einer Seite zur anderen dreht, wodurch die Granaten auf weite Entfernungen fallen. Die Giftigkeit der riesigen Gasmengen, die das Mastodon im Einsatz ausstößt, machte den Rückzug seiner Besatzung in eine sichere Entfernung erforderlich. Aber sobald es in Bewegung gesetzt wurde, brauchte es keinen Begleiter. Es war am Tag zuvor durch einen vorläufigen Schuss getestet worden, der auf einen Punkt mehrere Meilen außerhalb der Mauern von Paris gerichtet war, dessen Wirkung von hochfliegenden deutschen Flugzeugen beobachtet und gemeldet worden war , die mit Funk ausgestattet waren. Alles war für den Holocaust vorbereitet.

Von Heckmann und der General der Artillerie setzten ihren Weg durch die Schanzen und andere Befestigungen fort, bis sie in einer Entfernung von etwa einer Viertelmeile von der Schanze, wo sie das Staffelgeschütz zurückgelassen hatten, an einem kleinen weiß getünchten Häuschen ankamen.

„Ich habe einige meiner Mitarbeiter eingeladen, sich uns anzuschließen“, sagte der General zu dem Erfinder, „damit sie in den kommenden Jahren ihren Kindern und Enkeln dieses bedeutsame Ereignis in der Geschichte der Kriegsführung schildern können.“ "

Sie bogen um die Ecke des Cottages und stießen auf eine Gruppe von Offizieren, die am Holztor des Cottages standen und alle bei ihrer Annäherung salutierten.

„Guten Abend, meine Herren", sagte der General. „Ich bitte Sie, Ihnen meine Mitarbeiter vorzustellen", wendet er sich an Von Heckmann .

Die Offiziere hielten sich zurück, während der General sie in das Häuschen führte, dessen unteres Stockwerk nur aus einem einzigen Raum bestand, der von den neuen Mietern als Küche, Esszimmer und Wohnzimmer genutzt wurde. An einem Ende eines langen Tisches, den der Regimentsschreiner aufgestellt hatte, war das Abendessen gedeckt, und in einem mit Eis gefüllten Bottich befanden sich ein Dutzend oder mehr Liter Champagner. Zwei Pfleger standen hinter dem Tisch, an dessen anderem Ende ein kleiner Messingschalter angebracht war, der mit der Redoute verbunden war und über eine Feder und einen Knopf betätigt wurde. Die Fenster der Hütte waren offen, und durch sie fiel das Licht des Vollmondes und dämpfte das flackernde Licht der Kerzen auf dem Tisch.

Trotz des Champagners, des Abendessens und der Kisten mit Zigarren und Zigaretten war eine Atmosphäre der Feierlichkeit deutlich spürbar. Es war, als ob jeder dieser Offiziere, die durch lebenslange Disziplin und aktiven Dienst, ganz zu schweigen von den Jahren des Schreckens, die sie gerade durchgemacht hatten, gegen menschliches Leid abgehärtet waren, nicht umhin konnten, zu spüren, dass es in letzter Konsequenz auf sie geschleudert wurde Eine ahnungslose Stadt mit einem Regen von Projektilen, die den höchsten Sprengstoff enthielten, den es in der Kriegsführung gab, in einer Entfernung, die dreimal größer war, als die Wissenschaft bisher für möglich gehalten hätte, und die anschließende Vernichtung ihrer Bewohner war weniger ein Grund für Glückwünsche und Beifall als vielmehr für Trauer und bedauern. Die Offiziere, die vor dem Tor miteinander gescherzt hatten, wurden auffallend still, als sie die Hütte betraten und sich um den Tisch versammelten, an dem Von Heckmann und der General am Instrument Platz genommen hatten. Völlige Stille herrschte über der Gruppe. Das Quecksilber ihrer Stimmung sank von der Sommerhitze auf unter den Gefrierpunkt. Was war das, was sie vorhatten?

Durch die Fenster war in einer Entfernung von vierhundert Metern in der Stille der Nacht deutlich das Hämmern der Maschinen zu hören, die den Wassermantel des Staffelgeschützes überfluteten. Der Druck eines Fingers – eines kleinen Fingers – auf diesen elektrischen Knopf genügte, um den Strom aus Eisen und Sprengstoff in Richtung Paris in Gang zu setzen. Bis die erste Granate ihr Ziel erreicht hatte, waren bereits neun weitere auf dem Weg, verteilt über den Mitternachtshimmel in Abständen von weniger als acht Meilen. Und sobald der Stream gestartet war, würde er zwei Stunden lang ununterbrochen weiterlaufen. Die faszinierten Augen aller Offiziere hefteten sich auf den Schlüssel. Keiner sprach.

„Na gut, meine Herren!" rief der General schroff, „was ist mit Ihnen los? Sie benehmen sich, als ob Sie auf einer Beerdigung wären! Hans", sich an den Pfleger wendend, „öffnen Sie dort den Champagner. Füllen Sie die Gläser. Allesamt Stoßstangen, meine Herren, für den größten Erfinder." aller Zeiten, Herr von Heckmann , der Erfinder der Staffelpistole!"

Der Pfleger sprang vor und begann hastig, Flaschen zu entkorken, während von Heckmann sich zum Fenster abwandte.

„Hier, das geht nicht, Schelling! Du musst die Sache etwas beleben!" fuhr der General zu einem der Offiziere fort. „Das ist ein toller Anlass für uns alle! Gib mir die Flasche." Er nahm dem Pfleger eine Magnumflasche Champagner ab und begann, die schäumende Flüssigkeit in die Gläser neben den Tellern zu gießen. Schelling machte einen schwachen Witzversuch, über den die Offiziere laut lachten, denn der General war ein Martinet und musste humorvoll sein .

„Nun denn", rief der General, als er zum Fenster blickte, „Herr von Heckmann , wir trinken auf Ihre Gesundheit! Offiziere der Ersten Artillerie, ich stoße auf Sie an – einen Toast, an den Sie sich alle erinnern werden." Euer Todestag! Stoßstangen, meine Herren! Keine Fersenklopfen! Ich gebe euch die Gesundheit von „Thanatos" – dem Leviathan der Artillerie, dem geflügelten Träger von Tod und Zerstörung – und seines Erfinders, Herrn von Heckmann . Stoßstangen, meine Herren!" Der General klopfte Von Heckmann auf die Schulter und leerte sein Glas.

„,Thanatos!' Von Heckmann !" riefen die Beamten. Und einmütig warfen sie ihre Kelche auf die Steinplatte, auf der sie standen.

„Und nun, mein lieber Erfinder", sagte der General, „steht Ihnen die Ehre zu, ‚Thanatos' zum Handeln anzuregen. Sind Sie bereit, meine Herren? Ich warne Sie, dass die Sparren klingeln werden, wenn ‚Thanatos' schnarcht."

Von Heckmann hatte mit gesenktem Kopf dagestanden, während die Beamten von seiner Gesundheit getrunken hatten, und nun wandte er sich zögernd dem kleinen Messingschalter mit dem Knopf aus schwarzem Gummi zu, der so unschuldig im Kerzenlicht glänzte. Seine rechte Hand zitterte. Er fuhr sich mit der Rückseite seiner linken Hand über die Augen. Der General holte eine große silberne Uhr aus seiner Tasche. „Neunundfünfzig Minuten nach elf", verkündete er. „Um eine Minute nach zwölf wird Paris ausgeweidet . Leg deinen Finger auf den Knopf, mein Freund. Lass uns den Ball ins Rollen bringen."

Von Heckmann warf einen fast unruhigen Blick auf die Gesichter der Offiziere, die sich in ihrer Aufregung über den Tisch beugten. Sein Hochgefühl, seine Begeisterung war von ihm verschwunden. Er schien überwältigt von der Tragweite der Tat, die er vorhatte. Langsam kroch sein Zeigefinger auf den Knopf zu und schwebte halb schwebend darüber. Er presste die Lippen aufeinander und wollte gerade den nötigen Druck ausüben, um den elektrischen Strom auf den Entladeapparat zu übertragen, als plötzlich das scharfe Klicken der Hufe eines Pferdes durch die Nacht hallte, das im Galopp die Dorfstraße entlang galoppierte. Die Gruppe wandte sich erwartungsvoll der Tür zu.

Ein Offizier in der Uniform eines Artillerieadjutanten kam plötzlich herein, salutierte und holte aus der Innentasche seiner Jacke einen versiegelten Umschlag hervor, den er dem General reichte. Das Interesse der Beamten konzentrierte sich plötzlich auf den Inhalt des Umschlags. Der General stieß bei dieser Unterbrechung einen Fluch aus, riss das Schreiben auf und hielt das darin enthaltene einzelne Blatt ins Kerzenlicht.

„Ein Waffenstillstand!" er weinte angewidert. Sein Blick blickte schnell über die Seite.

„ *An den Generalmajor, der die erste Artilleriedivision der Maasarmee befehligt:*

„Es wurde ein Waffenstillstand erklärt, der um Mitternacht beginnen soll, bis Friedensverhandlungen stattfinden. Sie werden sehen, dass keine feindseligen Handlungen stattfinden, bis Sie die Mitteilung erhalten, dass der Krieg wieder aufgenommen werden soll."

„ VON HELMUTH , „Kaiserlicher Kriegskommissar".

Die Offiziere brachen in ungeduldige Ausrufe aus, als der General das Schreiben in seiner Hand zerknüllte und es auf den Boden warf.

„ *Donnerwetter !* " schrie er. „Warum waren wir so langsam? Verfluche den Waffenstillstand!" Er warf einen Blick auf seine Uhr. Es deutete schon auf nach Mitternacht hin. Sein Gesicht wurde rot und die Adern auf seiner Stirn schwollen an.

„Zum Teufel mit dem Frieden!" „, brüllte er und drehte seine Uhr zurück, bis der Minutenzeiger auf fünf Minuten vor zwölf zeigte. „Zum Teufel mit dem Frieden, sage ich! Drück den Knopf, Von Heckmann !"

Aber trotz der Qual der Enttäuschung, die er jetzt empfand, feuerte von Heckmann nicht. Sechzig Jahre deutscher Respekt vor Befehlen hielten ihn wie einen Schraubstock fest und lähmten seinen Arm.

„Ich kann nicht", murmelte er. „Ich kann nicht."

Der General schien verrückt geworden zu sein. Er stieß Von Heckmann aus dem Weg, warf sich auf einen Stuhl am Ende des Tisches und drückte knurrend auf den schwarzen Griff des Schlüssels.

Die Beamten schnappten nach Luft. So abgehärtet sie gegenüber den Notwendigkeiten des Krieges waren, hatte es in ihrer Erfahrung noch nie einen Akt der Ungehorsamslosigkeit wie diesen gegeben. Dennoch müssen sie alle den General aufrechterhalten; Sie müssen alle schwören, dass die Waffe vor Mitternacht abgefeuert wurde. Der Schlüssel klickte und eine blaue Perle schnappte am Schalter. Sie hielten den Atem an und schauten durch das Fenster nach Westen.

Die Nacht blieb zunächst still. Nur das Zirpen der Grillen und das Hupen des Pferdes des Adjutanten vor der Hütte waren zu hören. Dann hörten sie, wie das Knirschen einer Kaffeemühle in einer entfernten Küche, wenn man gerade aus einem tiefen Schlaf erwacht, das schwache, erstickte Surren von Maschinen, ein schärferes metallisches Klingeln von Stahl auf Stahl, gefolgt von einer gigantischen Detonation, die das Ganze erschütterte Der Boden, auf dem die Hütte stand, warf jedes Glas auf den Tisch und warf es um. Mit einem Getöse wie der Einsturz eines Wolkenkratzers schleuderte sich die erste Granate in die Nacht. Halb verängstigt klammerten sich die Beamten an ihre Stühle und warteten auf die zweite Entlassung. Der Widerhall hallte immer noch zwischen den Hügeln wider, als die zweite Detonation erfolgte, kurz darauf folgten die dritte und vierte. Dann, in den Pausen zwischen den krachenden Explosionen, erklang aus dem Westen in Richtung Paris ein fernes grollendes Knurren, gefolgt von einem Zittern der Luft, als ob die Nacht Angst hätte, und zeigte, dass die Projektile ihren Höhepunkt erreicht hatten in die Tat umsetzen. Ein See aus gelbem Rauch bildete sich in der Tasche hinter dem Hügel, wo die Schanze lag, in der „Thanatos" schnarchte.

Auf der großen Rennbahn von Longchamps im Bois de Boulogne hatte die riesige Herde von Kühen, Schafen, Pferden und Ziegen, die von der Stadtverwaltung von Paris zusammengetragen und von fünfzig oder sechzig eigens aus den *Landes importierten Hirten betreut wurde* , lange gelebt Seitdem hatten sie aufgehört zu grasen und hatten sich in den tiefen Schlaf der Tierwelt versenkt, der nur durch gelegentliches Blöken oder das ruhelose Wiehern eines Hengstes unterbrochen wurde. Auf der eigentlichen Rennstrecke hatten vier dieser Hirten vor der Tribüne und zwischen dieser und der Richterloge ein kleines Feuer angezündet und würfelten bei dessen Licht um Münzen. Sie hatten es leicht, diese Hirten, denn ihre Herden wanderten nicht umher, und sie mussten nur dafür sorgen, dass die Tiere ordnungsgemäß in die Teile des Bois getrieben wurden , die ihnen angemessene Nahrung boten.

„Nun, *mes enfants* ", rief der alte Adrian Bannalec , zog eine rübenförmige Uhr unter seiner Bluse hervor und hielt sie in den Feuerschein, „es ist zwölf Uhr und Zeit zum Einschlafen. Aber was sagt man zu einer Tasse?" zuerst Schokolade?"

Bannalec ging irgendwo unter die Tribüne und holte einen mit Wasser gefüllten Topf hervor, den er mit viel Geschick am Ende eines spitzen Stocks über dem Feuer aufhängte. Das Wasser begann fast augenblicklich zu kochen, und sie waren gerade dabei, ihre Schokolade hineinzubrechen, als aus scheinbar großer Entfernung ein seltsames Grollen durch die Luft zu hören war.

"Was war das?" murmelte Bannalec . Dem Ton folgte innerhalb weniger Sekunden ein weiterer und nach einer ähnlichen Pause eine Terz und eine Quarte.

„Es würde einen Waffenstillstand geben", schlug einer der jüngeren Hirten vor. Er hatte kaum gesprochen, als es zu einer viel lauteren und scheinbar näheren Detonation kam.

„Das muss eine unserer Waffen sein", sagte der alte Adrian stolz. „Hören Sie, wie viel lauter es spricht als die der Deutschen?"

Nun folgten weitere Entladungen in schneller Folge, einige schwächer, andere viel lauter. Und dann sahen sie irgendwo am Himmel einen Flammenblitz, gefolgt von einer donnernden Erschütterung, die die Tribüne erschütterte, und eine große feurige Schlange schwebte durch den Himmel nach Paris. Mit jedem Augenblick wurde es größer, bis es schien, als würde es vom Himmel direkt auf sie zufallen und eine Funkenspur hinter sich lassen.

„Es kommt auf uns zu", plapperte Adrian.

„Gott sei uns gnädig!" murmelten die anderen.

Starr vor Angst standen sie da und starrten mit offenem Mund auf die Muschel, die sie anscheinend als Ziel ihres Fluges ausgewählt hatte.

„Gott sei unserer Seele gnädig!" wiederholte Adrian nach den anderen.

Dann kam ein Licht wie das von einer Million Sonnen ...

Wehe den Frauen und Kindern der Hirten! Und wehe den Herden! Aber es wäre besser gewesen, dass die acht Kernbomben, die „Thanatos" durch den Mitternachtshimmel in Richtung Paris geworfen hatte, das Laubwerk des Bois zerrissen und die Tribünen von Auteuil und Longchamps mit sechzehnhundert unschuldigen Schafen und Rindern zerstört hätten, als dass sie nach ihnen gesucht hätten Opfer in den überfüllten Straßen der Innenstadt. Zum Glück war es für Paris so, dass die Staffelkanone so gesichtet worden war, dass sie die Metropole von Westen nach Osten fegte, und dass, obwohl sich jede Granate den Mauern näher näherte als ihre Vorgängerin, keine die Stadtmauer erreichte. Denn mit dem Abwurf der achten Granate und der Explosion der ersten mit Lyddit gefüllten Kernbombe unter den schlafenden Tieren, die auf dem Rasen vor den Tribünen zusammengedrängt waren, geschah etwas, was die armen Hirten nicht sahen.

Die Beobachter im Eiffelturm sahen den Himmel mit ihren Suchscheinwerfern nach deutschen Flugzeugen und deutschen Luftschiffen, sahen, wie die erste Kernbombe aus der Richtung von Verdun durch den Himmel schoß, gefolgt von ihren sieben Kameraden, und sahen, wie jede Bombe im darunter liegenden Bois explodierte . Doch als die erste Granate die Stille der Nacht durchbrach und ihre schwefelhaltigen und tödlichen Dämpfe unter dem hilflosen Vieh verbreitete, sahen die Wächter auf dem Turm weit im Osten ein riesiges Licht in den Himmel aufsteigen.

Zwei Meilen straßenaufwärts vom Dorf Champaubert verrichtete Karl Biedenkopf , ein gebürtiger Hessen-Nassau und Gefreiter der Artillerie, Streikposten. Das Mondlicht verwandelte die breite Landstraße nach Épernay in einen strahlend weißen Boulevard, über den er, so schien es, kilometerweit blicken konnte. Die Luft war weich und mild und erfüllt vom Geruch des Heus, das die Soldaten „im Auftrag des Kaisers" geerntet hatten. Auf der anderen Straßenseite graste „Gretchen", Karls Stute, nachdenklich, während der Streikposten selbst auf der Steinmauer am Straßenrand saß und die Bremer Zigarre rauchte, die ihm sein Unteroffizier nach dem Abendessen gegeben hatte.

Die Nacht war voller Sterne. Sie waren alle so hell, dass er den Kometen zunächst nicht bemerkte, der langsam von Nordwesten auf ihn zusegelte und scheinbar der Linie der deutschen Verschanzungen von Amiens, St.-Quentin und Laon in Richtung Reims und Épernay folgte . Aber der Komet war da und ließ einen langen gelben Lichtstrahl auf die schlafenden Heerscharen fallen, die den äußeren Ring der französischen Befestigungsanlagen belagerten. Plötzlich wurde die Ruhe von Biedenkopfs Rückblicken abrupt durch das entfernte Stampfen von Hufen weit unten an der Straße von Verdun gestört. Er sprang von der Mauer, nahm sein Gewehr, überquerte die Straße, rückte hastig „Gretchens" Zaumzeug zurecht, sprang in den Sattel und erwartete den Nachtreiter, wer auch immer er sein mochte. Aus einer Entfernung von dreihundert Fuß schrie er: „Halt!" Der Reiter zog die Zügel an, gab hastig das Gegenzeichen, und Biedenkopf erkannte den Adjutanten, salutierte und trat beiseite.

„Da geht ein glücklicher Kerl", sagte er laut. „Es bleibt ihm nichts anderes übrig, als die Straßen auf und ab zu fahren, anzuhalten, wo immer er ein nettes Gasthaus oder ein hübsches Gesicht sieht, Geld auszugeben wie Wasser und kein Haar seines Kopfes zu riskieren."

Es kam ihm nie in den Sinn, dass es vielleicht sein Glück war. Und während der Adjutant weiter galoppierte und das Geräusch der Hufe seines Pferdes auf der Straße zum Dorf immer schwächer wurde, segelte der Komet schnell über uns hinweg und überflutete die Befestigungen mit einem blendenden orange-gelben Licht. Es konnte nicht weiter als eine Meile entfernt gewesen sein, als Biedenkopf es sah. Sein geschultes Auge erkannte sofort, dass es sich bei diesem seltsamen runden Objekt, das durch die Luft schoss, nicht um einen wandernden Himmelskörper handelte.

„ *Ein Flieger!* " schrie er heiser und starrte es erstaunt an, wohl wissend, dass kein Luftschiff oder Flugzeug deutscher Herstellung irgendeine Ähnlichkeit mit diesem außergewöhnlichen Luftreisenden hatte.

Hundert Meter weiter die Straße hinunter war sein Feldtelefon an einer Pappel befestigt, und mit einem verstohlenen Blick auf den Fliegenden Ring galoppierte er zum Baum und rief den Korporal der Wache an. Doch genau in dem Moment, als sein Anruf beantwortet wurde, erschütterte eine Reihe schrecklicher Detonationen die Erde und ließ die Drähte im Empfänger dröhnen, so dass er nichts hören konnte. Eins – zwei – drei – vier davon, gefolgt von einem fernen Antwortboom im Westen.

Und dann schien der ganze Himmel voller Feuer zu sein. Er wurde rückwärts auf die Straße geschleudert und lag halb benommen da, während sich die Erde mit einem Donner in die Luft ergoss, als würden zehntausend Granaten gleichzeitig explodieren. Der Boden bebte, ächzte, brummte, knirschte, und überall um ihn herum fielen Schauer von Brettern, Erde, Ästen, Steinen, Gemüse, Dachziegeln und allen möglichen unkenntlichen und grotesken Gegenständen vom Himmel. Es war wie eine gigantische und nie endende Mine oder eine Reihe von Minen, die ständig explodierte, ein Vulkan, der sich aus den Eingeweiden einer glühenden Erde nach oben ergoss. Über dem ohrenbetäubenden Donner des Ausbruchs hörte er schrille Schreie und lautes Geschrei . Berittene Männer stürmten einzeln oder in Schwadronen an ihm vorbei die Straße entlang. Eine geschmolzene Kugel fiel durch die Zweige der Pappel, traf in einer Entfernung von fünfzig Metern auf die harte Straßenoberfläche und zerstreute sich wie ein riesiger Barren, der aus einem Hochofen fiel. Große Staubwolken stiegen herab und erstickten ihn. Eine vernichtende Hitze umhüllte ihn ...

Es war Mittag des nächsten Tages, als Karl Biedenkopf den Kopf hob und sich umsah. Er dachte zuerst, es hätte eine Schlacht gegeben. Aber der Anblick, der sich seinen Augen bot, hatte keine Ähnlichkeit mit einem

Schlachtfeld. Über seinem Kopf bemerkte er, dass die obersten Zweige der Pappel wie durch Feuer verbrannt waren. Die Straße sah aus, als wäre die Landschaft von einem Hurrikan heimgesucht worden. Allerlei Schutt füllte die Felder und überall schien es eine dicke Ablagerung geschwärzter Erde zu geben. Er war sich vage darüber im Klaren, dass er sich zum Dienst melden musste, und kroch trotz seines platzenden Kopfes und seiner schmerzenden Glieder auf allen Vieren die Straße hinunter zum Dorf.

Aber er konnte das Dorf nicht finden. Es gab dort kein Dorf; und bald gelangte er an den Rand eines riesigen Kraters, wo die Erde wie durch eine gewaltige Erschütterung der Natur entwurzelt und beiseite geschleudert worden war. Hier und da rauchten Massen brennbaren Materials und flackerten mit roten Flammen. Seine Augen suchten nach den vertrauten Umrissen der Schanzen und Befestigungen, fanden sie aber nicht. Und dort, wo das Dorf gewesen war, gab es eine große Höhle in der Erde, und der tiefste Teil der Höhle, so schien es zumindest seinem halb geblendeten Blick, befand sich ungefähr an der Stelle, an der das Häuschen gestanden hatte, als das sein General gedient hatte sein Hauptquartier, der Ort, an dem dieser General am Abend zuvor sein Glas sprudelnden Weins erhoben und auf „Thanatos“, die Personifikation des Todes, angestoßen und seine Offiziere zu Zeugen aufgerufen hatte, dass dies der größte Moment in der Geschichte der Kriegsführung sei, ein Moment, der … Sie würden sich alle bis zu ihrem Todestag erinnern.

XII

Die schäbig-vornehmen kleinen Häuser des Appian Way in Cambridge, deren Fensteraugen mit ihren blaugrünen Lidern Bennie Hooker kommen und gehen sahen, wie er zu Vorträgen und Rezitationen hin und her stapfte, zuerst als Junge und dann als Mann Als er dreißig Jahre alt war, muss er beim Anblick des kleinen Professors vor Erstaunen geblinzelt haben, als er sich auf die spätere berühmte Hooker-Expedition nach Labrador auf der Suche nach dem Fliegenden Ring begab.

In den fünf Tagen nach Thorntons unerwartetem Besuch war Bennie, der bis auf seinen Vorrat an Fertigschokolade ohne Schlaf und fast ohne Nahrung auskam, der Mittelpunkt eines Wirbels aus Büchern, Logarithmen und Berechnungen in der Universitätsbibliothek und bildete sich selbst ein absoluter, wenn man es respektiert, Schädling am Cambridge Observatory. Darüber hinaus – und das war für seine konservativen, pädagogischen Nachbarn in der Via Appia das bilderstürmerischste Schauspiel von allen – rasten Telegrafenjungen auf Fahrrädern zu jeder Tages- und Nachtzeit in einem Bach zwischen der Hooker-Pension und dem Harvard Square hin und her .

Schwenitz auf Anweisung von General von Helmuth, dem kaiserlichen Deutschen, Gebrauch gemacht hatte Kriegskommissar in Mainz. Das Ergebnis war ungefähr identisch, und Hooker hatte sich davon überzeugt, dass irgendwo im Zentrum von Labrador sein Kollege – der Entdecker des Lavender Ray – die Operationen durchführte, die zur Verschiebung der Erdachse und zur Verzögerung ihrer Bewegung geführt hatten . Erfüllt von reiner und selbstloser wissenschaftlicher Freude wurde es sein einziges und unmittelbares Ziel, den Mann zu finden, der diese Dinge getan hatte, ihm die Hand zu schütteln und sich mit ihm über die nun gelösten Probleme der thermischen Induktion und der Atomphysik auszutauschen Zerfall.

Aber wie kommt man dorthin? Wie erreicht man ihn? Denn Prof. Bennie Hooker war in seinem Leben noch nie hundert Meilen von Cambridge entfernt gewesen, und eine Reise nach Labrador erschien ihm fast so schwierig wie der Versuch, den Pol zu erreichen. Dann ging es wieder in die Universitätsbibliothek, wo blasse, aber höfliche junge Damen sich beeilten, ihm Atlanten, Karten, Reiseführer und Werke über Sport und Reisen zu holen, bis ihm schließlich der große Plan klar wurde – der Plan, der daraus entstehen sollte in der Aufrechterhaltung des Atomzerfalls zum Nutzen der Menschheit und der anschließenden Veränderung der Zivilisation, sowohl politisch als auch wirtschaftlich. Unschuldig, genial, genial hat er alles geplant. Niemand darf wissen, was er vorhatte. Ach nein! Er muss sich davonschleichen, notfalls auch verkleidet , und alleine zu Pax gelangen. Drei würden in dieser Gemeinschaft des wissenschaftlichen Denkens eine Menge sein! Er muss die Aufzeichnungen seiner eigenen Experimente, die Diagramme seiner Apparatur und sein kostbares Zirkonium mitnehmen ; und er muss mit dem großen Geheimnis des Atomzerfalls in seiner Brust zurückkehren, bereit, es mit der Erlaubnis des Entdeckers der trockenen und durstigen Welt zu geben. Und dann würde tatsächlich die Erde wie die Rose blühen!

Ein seltsamer Anblick, der Beginn der Hooker-Expedition!

Doktor Jellys farbiges Hausmädchen hatte gerade einen Eimer mit blaugrauer Seifenlauge über seine Vordertreppe geworfen – es war halb sechs – und war schon im Begriff, resigniert auf der Veranda des Doktors zu knien und abzuwischen, als sie die Tür zum Wohnhaus des Professors sah Öffnen Sie sich vorsichtig und ein seltsames menschliches Exponat, wie man es noch nie zuvor auf See oder an Land gesehen hat, taucht heimlich auf. Es war Prof. Bennie Hooker – verkleidet als Lachsfischer!

Über einem brandneuen, auffällig gelb karierten Sportler-Knickerbocker hatte er einen englischen Regenmantel angezogen. An seinen Beinen befanden sich Gamaschen und auf dem Kopf ein helmähnliches Stoffstück mit einem Visier vorne und einem hinten sowie Ohrenschlaufen , die am Scheitel mit einem Stück schwarzem Band befestigt waren – mit anderen Worten ein „Glengarry“. Der Anzug war am Harvard Square hergestellt worden und ein Triumph der Schneiderkunst von jemandem, der einem echten Fischer nie näher gekommen war als ein farbiger Modeteller. Allerdings deutete es auf einen Sportler der Sorte hin, die normalerweise in den Comic-Beilagen dargestellt wird, und um das Bild zu vervollständigen, trug Professor Hooker in seinen Händen und unter seinen Armen gelbe Schweinsledertaschen und Rutenkästen, so dass er wie das Schaufenster eines Mannes aussah Geschirrladen.

„ Um Himmels willen!" rief das farbige Dienstmädchen der Jellys , ohne sich ihrer Seifenlauge bewusst zu sein. „ Fo ' de Lawd ! Bin dat Perfessor Hookey ?"

Es war! Sondern ein neuer und verherrlichter Professor, dessen Seele von Entdeckungsfreude und Romantik beseelt ist, mit einem Funken in den Augen und den Ersparnissen von zehn Jahren in einer großen Rolle in seiner linken Hosentasche.

So begann die Hooker-Expedition, die nach der Abrüstung der Nationen den Fliegenden Ring entdeckte und der Smithsonian Institution den berühmten Bericht vorlegte. Aber hätten die Nationen die Expedition sehen können, als sie an jenem Septembermorgen ihre Unterkunft verließ, hätten sie sich die Augen gerieben.

Mit größter Mühe schaffte Prof. Bennie Hooker seine Taschen und Rutenkoffer bis zum Harvard Square, wo es ihm mit Hilfe eines freundlichen Schaffners mit Sinn für Humor ermöglicht wurde, in ein Elektroauto zur Nordstation einzusteigen.

Jenseits des Anfangs den Fluss hinauf Moisie , seine Fantasie weigerte sich, ihn zu tragen. Aber er hatte einen Glauben, der der Gewissheit nahekam, dass er über der Höhe des Landes – knapp über dem Rand – Pax und den Fliegenden Ring finden würde. Während der ganzen Zeit, die er für seine Experimente und Vorbereitungen brauchte, hatte er kein einziges Mal einen Blick in eine Zeitung geworfen oder sich nach dem Fortgang des Krieges erkundigt, der die Bewohner der Welt rasch ausrottete. Thermische Induktion, atomarer Zerfall, der Lavendelstrahl, das waren das Alpha, das Sigma, das Omega seiner Existenz.

Aber inzwischen [3] war der Krieg mit all seinen Schrecken, Leiden und Verlusten an Menschenleben weitergegangen, und die in Washington versammelten Vertreter der Nationen hatten fieberhaft versucht, sich auf die Bedingungen eines universellen Vertrags zu einigen, der dem Militarismus ein Ende setzen sollte Krieg für immer. Und auch danach, obwohl Professor Hooker sich dieser Tatsache völlig unbewusst war, saß das berühmte Konklave, bekannt als Konferenz Nr. 2, bestehend aus den bekanntesten Wissenschaftlern aller Zeiten, schwitzend im großen Hörsaal des Die Mitglieder der Smithsonian Institution brüllten einander in einem Dutzend verschiedener Sprachen an, erzählten einander, was sie wussten und was nicht, und verstrickten sich immer mehr in ein Unterholz widersprüchlicher Fakten, Beobachtungen und unvereinbarer Theorien, bis sie schließlich aufstellten keinerlei Fortschritt – und genau das hatte der kluge und plausible Graf von Könitz , der deutsche Botschafter, geplant und beabsichtigt.

Der Fliegende Ring erschien nicht wieder, und trotz der unbestrittenen Aussage des amtierenden Konsuls Quinn, Mohammed Ben Ali el Bad und Tausender anderer, die den Lavendelstrahl tatsächlich gesehen hatten, begannen die Menschen allmählich, fast unbewusst, anzunehmen, dass der Die Zerstörung des Atlasgebirges sei das Werk eines unerwarteten Vulkans gewesen und die Anwesenheit des Fliegenden Rings sei ein Zufall und nicht die Ursache der Störung gewesen. So ging der Vorfall vorüber und die öffentliche Aufmerksamkeit richtete sich wieder auf den Konflikt in der Ebene von Châlons -sur-Marne. Nur Bill Hood, Thornton und einige andere im Geheimen, zusammen mit dem Präsidenten, dem Kabinett und den Mitgliedern der Konferenz Nr. 1 und der Konferenz Nr. 2, begriffen wirklich die Bedeutung dessen, was geschehen war, und erkannten dies auch Krieg oder die Menschheit müssen für immer verschwinden. Und niemand außer dem deutschen Botschafter und den kaiserlich-deutschen Kommissaren ahnte, dass eine der Nationen einen Plan ausgedacht hatte und in die Tat umsetzte, der darauf abzielte, an das Geheimnis zu kommen, wie die Erde ins Wanken gebracht werden konnte die Gefangennahme des Entdeckers. Denn zwölf Tage nach der Mainzer Konferenz zwischen Professor von Schwenitz und General von Helmuth war die *Sea Fox* mit dem deutschen Expeditionskorps von Amsterdam ausgelaufen und befand sich, nachdem sie die Orkneys sicher umrundet hatte, bereits auf dem besten Weg nach Labrador. Bennie Hooker wusste jedoch von all diesen Dingen nichts. Wie ein Einwanderer mit einem Schild am Arm saß er im Zug, der ihn nach Quebec brachte, sein Ticket steckte in das Band an seiner Mütze und träumte von einem Transformator, der bei nur sechstausend Grad nicht schmelzen würde – nicht konnte .

Als Professor Hooker am Morgen nach seiner Ankunft dort in seinem Zimmer im Hotel in Quebec erwachte, frühstückte er gemütlich, rauchte auf der Terrasse eine Pfeife und schlenderte zu den Kais am Flussufer. Hier erfuhr er zu seinem Entsetzen , dass der Labrador-Dampfer, die *Druro* , erst am darauffolgenden Donnerstag auslaufen würde – eine Wartezeit von drei Tagen. Anscheinend war Labrador ein weniger frequentierter Ort, als er angenommen hatte. Er beherrschte jedoch seine Ungeduld, und als er eine Bibliothek entdeckte, die von einem hochintelligenten Absolventen aus Edinburgh geleitet wurde, interessierte er sich so sehr für verschiedene tiefgründige Abhandlungen über Physik, dass er beinahe den Anschluss verpasst hätte.

Mit Unterstützung des Oberportiers und schwankend unter der Last seiner neuen Rutenköcher und anderer Hindernisse ging Bennie am Donnerstagmorgen an Bord der *Druro* , *bezog eine Kabine und kaufte ein Ticket nach Seven Islands, dem* der Mündung des Druro am nächsten gelegenen Hafen Fluss Moisie . Es handelte sich um einen großen und komfortablen Flussdampfer von etwa achthundertfünfzig Tonnen, und ihr äußeres Erscheinungsbild verriet die Tatsache, dass sie das Verbindungsglied zwischen der Zivilisation und den trostlosen und eisbedeckten Wüsten des Hohen Nordens war, was sie auch tatsächlich war. Der Kapitän betrachtete Bennie gleichgültig, wenn nicht sogar respektlos, grunzte und pfiff, als er zum Lotsenhaus hinaufstieg. Quebec mit seinen wimmelnden Kais und überfüllten Schiffen, überragt von den Klippen, die Wolfe berühmt gemacht haben, geriet langsam in Rückstand. Von ihrem Leebug aus schwebte die Insel Orléans náher und zog vorbei. Ihre hübschen Gehöfte luden den müden Reisenden zur idyllischen Ruhe ein. Der Fluss wurde klar. Niedrige, mit Bauernhöfen bewachsene Ufer begannen vorbeizurutschen. Die wenigen Touristen und zurückkehrenden Bewohner ließen sich im Bug nieder und machten sich bereit für ihre Reise.

Reisenden hätte es in dieser vergleichsweise wenig besuchten Ecke seines Heimatkontinents viel Interessantes gegeben ; Doch nachdem unser

Lachsfischer sein Gepäck bequem entsorgt hatte, zog er sich sofort in seine Kabine zurück und begann, Zeit zu sparen, ohne auf den *Druro zu achten* , leidenschaftlich mehrere äußerst uneinladend aussehende Bücher zu lesen, die er aus seinem Koffer hervorholte. Die *Druro* , die Professor Hooker ebenso wenig bemerkte, setzte ihren gewohnten Weg fort, kam an Tadousac vorbei und machte ihren ersten Halt am Godbout. Als Bennie feststellte, dass das Boot nicht mehr in Bewegung war, tauchte er wieder an Deck auf und hatte fälschlicherweise den Eindruck, dass sie das Ende der Reise erreicht hätten, da er mit der Topographie des Sankt-Lorenz-Stroms nicht vertraut war und tatsächlich nur sehr vage Vorstellungen von Entfernungen hatte und die Zeit, die erforderlich ist, um sie mit der Bahn oder dem Boot zu durchqueren.

Am Godbout warf die *Druro* ein oder zwei Habitan , ein paar Bootsladungen Stahlstangen, Kisten mit Geschirr und Tabak ab, streckte dann ihren Bug in den Bach und steuerte flussabwärts, umrundete schließlich die Pointe des Monts und schlängelte sich hinter die Pointe des Monts Isles des Oeufs bis zum Fluss Pentecoute , wo sie weitere Bewohner absetzte , darunter einen Priester in einer schwarzen Soutane, der etwas unpassenderweise eine große Zigarre rauchte. Dann schlängelte sie sich durch eine Nebelbank und brach schließlich wieder ins Sonnenlicht hinaus, dampfte hinüber und fuhr am Karussell, dieser malerischen felsigen Landzunge vorbei, in die Seven Islands Bay ein. Hier ankerte sie, und nachdem sie die Ladung gelöscht hatte, dampfte sie zur Grand Boule hinaus, wo Bennie achtzehn Meilen hinter den Inseln das Lotsenhaus der alten *St. Olaf* aus unglücklicher Erinnerung sah, das sich gerade über dem Wasser erhob.

Er war erst aus der Abgeschiedenheit seiner Kabine herausgekommen, als der Steward ihn nach seinem Ticket fragte und erfuhr, dass die *Druro* sich dem Ende ihrer Reise näherte. Fast zwei Tage lang war er bei „The Interpretation of Radium" in Soddy versunken. Der *Druro* floss an einem sandigen, tief gelegenen Strand entlang, etwa eine halbe Meile vor der Küste. Sie näherten sich der Mündung eines breiten Flusses. Die Menge des schwarzen Süßwassers aus dem Moisie strömte in den Sankt-Lorenz-Strom, bis es auf das grüne Meerwasser traf, was zu einer scharfen Farbabgrenzung und einem nicht weniger ausgeprägten Konflikt der Naturkräfte führte. Denn aufgrund des Drucks der Flut auf die feste Masse des frischen Stroms kochte das Wasser unerwartet auf allen Seiten, schleuderte Schaumgeysire zwanzig Fuß oder mehr in die Luft und sank dann ab. Abseits der Weiche ertönte die Motorglocke zweimal, und der *Druro* hielt an.

Bennie stand im Bug, trug seine wasserdichte Sportmütze und drückte seine Rutentaschen an die Brust. Er sah zu, wie eine heterogene Flotte von Kanus, Kähnen und Segelbooten vom Ufer her raste, denn der Dampfer landet hier nicht, sondern hängt im Anmarsch und entlädt seine Ladung an Land. An der Spitze der Gruppe stand eine Art Walboot, das von zwei Rudern auf der einen und von einem auf der anderen Seite angetrieben wurde, und im Heck saß ein gutmütig aussehender Mann mit rosigen Wangen und glattrasiertem Gesicht, von dem Bennie wusste, dass es Malcolm Holliday sein musste.

„Hallo, Cap!" schrie Holliday. „Irgendwelche Passagiere?"

Der Kapitän vom Lotsenhaus winkte verächtlich in Bennies allgemeine Richtung.

"Hallo!" sagte Holliday. „Was willst du? Was kann ich für dich tun?"

„Ich dachte, ich versuche mal ein bisschen Lachsfischen", schrie Bennie zurück.

Holliday schüttelte den Kopf. „Tut mir leid", brüllte er, „ der Fluss ist gepachtet. Außerdem sind die Beamten [4] hier."

"Oh!" antwortete Bennie reumütig. „Ich wusste es nicht. Ich dachte, ich könnte überall angeln."

„Na ja, das geht nicht!" schnappte Holliday, verwirrt über das seltsame Aussehen des kleinen Mannes.

„Ich schätze, ich kann an Land gehen, oder?" beharrte Bennie etwas empört. „Dann mache ich einfach einen Campingausflug. Ich würde gerne den großen Lachsvorrat oben an den Gabelungen sehen, wenn ich nichts anderes tun kann."

Sofort nahm Holliday etwas wahr. „Noch ein Kerl auf der Suche nach Gold", murmelte er vor sich hin.

Genau in diesem Moment, als die Flut gerade abebbte, zerbrachen hundert Hektar grünes Wasser vor dem Bug *der Druro* wieder in wirbelnde Wellen und Schaumstrahlen. Überall um sie herum und eine Meile seewärts tanzten diese fröhlichen Männer in Scharen. Bennie war von der Schönheit begeistert. Das Walfangboot mit Holliday befand sich jetzt direkt unter dem Bug des Schiffes.

„Ich möchte mich auf jeden Fall umsehen", entgegnete Bennie. „Ich bin den ganzen Weg aus Boston angereist." Er fühlte sich wie ein Verbrecher behandelt, spürte den Verdacht in Hollidays Augen.

Der Faktor lachte. „Dann haben Sie auf jeden Fall Mitgefühl verdient." Dann zögerte er. „Na ja, komm mit", sagte er schließlich. „Wir werden sehen, was wir für Sie tun können."

Eine Strickleiter war über Bord geworfen worden und einer der Matrosen ließ nun Bennies Gepäck ins Boot. Der Professor folgte ihm und vermied es mit Mühe, auf seine Regenjacke zu treten, als er die rutschigen Runden hinunterkletterte. Holliday ergriff seine Hand und zerrte ihn zu einem Sitz im Heck.

„Ja", wiederholte er, „wenn Sie den ganzen Weg aus Boston angereist sind , müssen wir Sie wohl sowieso für ein paar Tage unterbringen."

Im Bug waren eine Kiste mit Konserven, ein Postpaket und ein riesiger Stapel Zeitungen deponiert. Holliday winkte ab. Der *Druro* wirbelte das Wasser auf und schwang sich wieder in die Mitte des Flusses. Bennie sah ihr neugierig nach. Im Norden lag ein sandiges Ufer, das von einem kargen Wald aus Zwergfichten und Birken übersät war. Ein paar Fischerhütten und eine Menge Holzhütten säumten den Wald. Im Osten, seewärts, viele Meilen den langen Abschnitt des tückischen, düsteren Flusses hinunter wartete eine graue Nebelbank. Aber über ihnen war die Luft kristallklar und hatte jenen funkelnden, kratzigen Glanz, den man nur in nördlichen Gefilden findet. Die Natur schien hart und unerbittlich. Während seine Füße in Rutenkästen verwickelt waren, fragte sich Professor Hooker einen Moment lang, wozu zum Teufel er eigentlich hier war, als er an dieser unwirtlichen Küste landete. Dann suchten seine Augen das freundliche Gesicht von Malcolm Holliday und die Hoffnung keimte erneut auf. Denn dieser geniale Grenzgänger hat etwas an sich, das alle Menschen gleichermaßen zu sich zieht, seien es Schotten oder Engländer, Kanadier oder Montagnais, und er ist der König der Küste, wie sein Vater vor ihm oder wie der alte Peter McKenzie. der Hauptfaktor, der übrigens die beste jemals geworfene Lachsfliege östlich von Montreal oder südlich von Ungava warf. Bennie fand Trost in Hollidays Lächeln und empfand für ihn die gleichen Gefühle wie ein Kind für seine Mutter.

Sie näherten sich dem Ufer und rannten an einem baufälligen Pier entlang, auf dessen rutschigen Pfosten Bennie klettern sollte. Dann wich er morschen Brettern und tückischen Stellen aus, erreichte den Sand des Strandes und stand schließlich auf Labrador. Eine Gruppe Montagnais holte das Gepäck des Professors ab und machte sich unter der Führung von Holliday auf den Weg zu dessen Haus. Es war eine seltsame und amüsante Landung einer Expedition, deren Ergebnisse das Leben der Bewohner der ganzen Welt revolutioniert haben. Noch nie hatte ein so unscheinbares Ereignis einen so bedeutsamen Abschluss. Und wenn Malcolm Holliday nun seine jährliche Heimreise nach Quebec antritt, um der Firma Holliday Brothers Bericht zu erstatten, der alle Netze weit östlich von Anticosti gehören, verbringt er Stunden im Club des Voyageurs und schildert detailliert alle Umstände rund um die Ankunft von Professor Hooker und wie er ihn für einen Goldjäger hielt.

„Jedenfalls", schließt er ab, „wusste ich, dass er trotz seiner Ruten und Koffer kein Lachsfischer war, denn er konnte einen Black Dose nicht von einem

Thunder and Lightning oder einem Jock Scott unterscheiden, und er dachte, man könne fangen." Lachs mit Wurm!"

Es stimmte vollkommen. Bennie ging davon aus, dass man den König der Wildfische getötet hatte, da er in seiner Kindheit Elritzen gefangen hatte, und seine geologischen Forschungen in der Harvard-Bibliothek hatten ihn nichts anderes gelehrt. Seinen Schneider auch nicht.

„Mein lieber Freund", sagte Holliday, während sie auf der schmalen Bretterpiazza am Post ihre Pfeifen rauchten, „natürlich werde ich Ihnen helfen, so gut ich kann, aber Sie kommen zu einer rundum schlechten Jahreszeit. In." Erstens wirst du von Kriebelmücken, Mücken und Mücken bei lebendigem Leib gefressen. Während er sprach, schlug er heftig. „Und Sie werden eine verdammt schwierige Aufgabe haben, Kanufahrer zu finden. Wie Sie sehen, sind alle Montagnais hier unten in der Siedlung und machen ‚ihre Messe'. Einmal im Jahr verlassen sie die Jagdgründe oben an der Kluft und darüber hinaus und kommen flussabwärts, um „*faire la messe* " *zu feiern – für* sie ist das eine heilige Pflicht . Wie Sie wahrscheinlich wissen, sind sie sehr religiös – und das auch sehr schön. Nehmen Sie sie ganz und gar, sanft, gehorsam, fleißig, höflich, fröhlich und ziemlich bis mittelmäßig ehrlich. Sie haben eine Menge französisches Blut – ein bisschen verdünnt, aber es ist da."

„Kann ich nicht ein paar mitnehmen?" fragte Bennie besorgt.

„Das ist eine Frage", antwortete der Faktor nachdenklich. „Sie wissen, wie die Vögel – wie die Karibus – jedes Jahr wandern. Nun, diese Montagnais sind genau wie sie. Sie haben eine regelmäßige Routine. Jeder Mann hat seine eigenen Fallen, bis hinauf zur Höhe des Landes. Sie alle gehen im Herbst den Fluss hinauf mit ihrem Wintervorrat an Schweinefleisch, Mehl, Tee, Pulver, Blei, Äxten, Feilen, Kolophonium, um ihre Kanus zu reparieren, und Bibergeil – aus Biberdrüsen hergestellt, wissen Sie –, um den Geruch zu beseitigen ihrer Hände aus den mit Ködern versehenen Fallen. Sie steigen in Familien auf, sechs oder sieben Kanus zusammen, und wenn jeder Mann sein eigenes Territorium erreicht, verlässt sein Kanu die Prozession und er schlägt ein Lager für seine Frau und seine Kinder auf. Dann verbringt er die Zeit Winter – sechs oder sieben Monate – im Wald, indem er seiner Reihe von Fallen folgt. Nach und nach verschwindet das Eis und er beginnt, etwas Gesellschaft zu wollen. Er hat seit etwa zehn Monaten keinen Priester mehr gesehen und hat Angst vor der *Loup -garou* , soweit ich weiß. Also kommt er den Fluss hinunter, nimmt seine Newport-Saison hier in Moisie , geht zur Messe und wehrt den *Loup-Garou* ab . Sie sind jetzt alle hier. Vielleicht kannst du ein paar dazu bringen, flussaufwärts zu gehen, aber vielleicht auch nicht."

Dann bemerkte er Bennies niedergeschlagenen Gesichtsausdruck und fügte hinzu:

„Aber wir werden sehen. Vielleicht können Sie Marc St. Ange und Edouard Moreau holen, beide gute Kerle. Sie haben ihre Messe geschafft und kennen das Land von hier bis Ungava. Da ist jetzt Marc – *Venez Hier* , Marc St. Ange.“ Ein dunkelhäutiger, geschmeidiger Montagnais kam die Straße herunter, und Holliday sprach ihn schnell in Habitan- Französisch an: „Dieser Herr möchte flussaufwärts zu den Gabelungen gehen, um den großen Cache zu sehen. Wirst du mit ihm gehen?

Die Montagnais verneigten sich vor Professor Hooker und dachten über den Vorschlag nach. Dann gestikulierte er nach Norden und schien Bennie eine lange Geschichte zu erzählen.

Holliday lachte wieder. „Marc sagt, er wird gehen“, kommentierte er knapp. „Aber er sagt auch, dass der Große Vater der Marionetten zurückkommen wird, wenn er wütend ist.“

„Was meint er damit?“ fragte Bennie.

„Wenn die Aurora Borealis – Nordlichter – am Himmel spielt, sagen die Indianer immer, dass die ‚Marionetten tanzen‘. Vor ungefähr vier Wochen hatten wir hier oben einige elektrische Störungen und eine Art Erdbeben. Es hat diesen Indianern große Angst gemacht. Es gab ein gewaltiges Schauspiel, fast wie ein Vulkan. Es übertraf alles, was ich jemals gesehen habe, und ich bin seit fünfzehn Jahren hier Die Indianer sagten, der Vater der Marionetten sei wütend gewesen, weil sie nicht genug getanzt hätten, was zu ihm passte, und dass er sie zum Tanzen gebracht habe. Dann erhaschten einige von ihnen einen flüchtigen Blick auf eine Sternschnuppe oder einen Kometen oder so etwas, und nannte es den „Vater der Marionetten“. Sie hatten eine ziemliche Zeit – hielten Messen ab und so weiter – und waren wirklich zerstückelt. Aber die Sache ist jetzt vorbei, bis auf die regelmäßige, gewöhnliche Zurschaustellung.“

„Wann können sie fertig sein?“ fragte Bennie eifrig.

„Morgen früh“, antwortete Holliday. „Marc wird seinen Onkel engagieren. Es geht ihnen gut. Wie wäre es jetzt mit einem Outfit? Aber rede nicht mehr über Lachs. Ich weiß, was du willst – es ist *Gold* !“

Am nächsten Morgen um vier Uhr stand der Mond immer noch tief über den Tannen, als drei schwarze und stille Schatten aus dem Haus des Fabrikanten auftauchten und vorsichtig und mühsam über den Sand zu der Stelle gingen, an der ein Kanu angefahren worden war Gewehre am Strand. Marc kam zuerst und trug einen blechernen Ofen mit zusammenklappbarem Trichter; dann sein Onkel Edouard, der ein Bündel schulterte, bestehend aus einem Zelt und ein paar Säcken Mehl und Schweinefleisch; und schließlich

Professor Hooker mit seiner Regenjacke und seinem Gewehr, der sich überhaupt nicht bewusst war, dass seine sorgfältigen Führer alle Patronen aus seinem Gepäck entfernt hatten, damit er nicht zu viele Karibus schießt und so die Nahrungsvorräte des Winters verdirbt. Es war kalt, fast frostig. In der schwarzen Flut des Flusses brannten die Sterne in einem kühlen, flackernden Licht. Bennie zog zitternd seine Regenjacke an. Die beiden Führer stapelten ruhig das Gepäck in der Mitte des Kanus, richteten einen Sitzplatz für ihren Passagier ein, nahmen ihre Paddel, schoben sich ab und nahmen ihre Plätze an Bug und Heck ein.

Moisie leuchteten keine Lichter . Das Plätschern der Wellen an der Birkenseite des Kanus, das Gurgeln des Wassers um die Paddelblätter und das Rauschen des Bugs, als er, nachdem er beim Zurückziehen innegehalten hatte, beim Schlag vorwärts sprang, waren die einzigen Geräusche das durchbrach die totenstille Stille der halbarktischen Nacht. Bennie zündete ein Streichholz an, und es flackerte rot im schwarzen Wasser auf, als er seine Pfeife anzündete, aber er spürte eine große Bewegung in seiner kleinen Brust, einen großen Mut, es zu wagen, es zu tun, denn er war völlig danebem, wirklich daneben Jagd, seine Suche nach dem Geheimnis, das die Welt neu erschaffen würde. Während die Strömung an seinen Seiten flüsterte, schwebte das Kanu in einem weiten Kreis bis zur Mitte des Flusses. Der Mond war nun teilweise hinter den Baumwipfeln verdeckt. Im Osten ließ ein schwacher Schein den Horizont schwärzer erscheinen als je zuvor. Vor ihnen schien die weite Weite des dunklen Flusses wie ein verschlingender Abgrund zu sein. Schläfrigkeit erfasste Professor Hooker, eine Schläfrigkeit, die durch das rhythmische Schwingen der Paddel und den Stapel Bettzeug, gegen den er lehnte, noch verstärkt wurde. Er schloss die Augen, zufrieden damit, in die Region seiner Hoffnungen getrieben zu werden, zufrieden damit, fast einzuschlafen.

"Hallo!" flüsterte plötzlich Marc St. Ange. „ *Voilà! Le père des marionettes!* "

Bennie erwachte mit einem Schrecken, der das Kanu fast umgeworfen hätte. Das Blut schoss ihm ins Gesicht und sang in seinen Ohren.

"Wo?" er weinte. "Wo?"

„ *Au nord* ", antwortete Marc. „ *Bitte steig ab!* "

Professor Hooker starrte in die Richtung von Marcs hochgehobenem Paddel. Wurde er getäuscht? War der Wunsch Vater des Gedankens? Oder sah er wirklich in unermesslicher Entfernung am Horizont eine schnell erlöschende Spur orangegelben Lichts? Er rieb sich die Augen – sein Herz klopfte wild unter dem Sportleranzug. Aber der Norden war bis zum Morgengrauen schwarz.

Der alte Edouard grunzte.

„ *Vous êtes Du !* „murmelte er seinem Neffen zu und trieb sein Paddel tief ins Wasser.

Der Tag brach mit Stakkato-Betonung an. Die Sonne stieg aus Europa auf und brannte mit einer so äquatorialen Hitze auf das Kanu herab, dass Bennie sowohl seinen Regenmantel als auch seine Sportjacke ablegte. Von den fernen Ufern des Flusses waren alle Spuren menschlichen Lebens verschwunden, und am Bug des Kanus stand eine graublaue Flut, die aus einer Wildnis struppiger Bäume aufstieg. Ein paar Möwen flatterten küstenwärts, und in seltenen Abständen sprang ein Lachs und schnitt die sich langsam bewegende Oberfläche in einen kochenden Kreis; aber im Übrigen war ihre Umgebung so fest und unbeweglich wie die gemalte Bühnenkulisse, außer dort, wo die Strömung die verstreuten Vorgebirge des Ufers fegte. Aber sie zogen stetig nach Norden. Bennie war von dem ungewohnten Licht und der frischen Luft so müde, dass er um zehn Uhr das Gefühl hatte, der Tag müsse vorbei sein, obwohl die Sonne noch nicht den Zenit erreicht hatte. Unerwarteterweise drehten Marc und Edouard das Kanu leise ins Flachwasser und setzten es auf einer Landzunge aus weißem Sand auf den Strand. Drei Minuten später ließ Edouard ein kleines Feuer anzünden und reichte Bennie eine Tasse Tee. Wie wunderbar es schien – ein echtes Elixier! Und dann spürte er den Stich einer Mücke, und als er seine Hand hob, stellte er fest, dass sie voller Blut war. Und die Kriebelmücken kamen auch. Bald darauf stapfte der Professor auf und ab, schwenkte sein Taschentuch und schnappte wild in die Luft. Dann stießen sie wieder ab.

Die Sonne sank nach Westen, als sie eine Kurve nach der anderen abbogen, und gab ihnen immer wieder den gleichen Ausblick frei. Schatten von Felsen und Bäumen begannen über die Wirbel zu ragen . Ein großer Reiher, so groß wie ein Strauß, so schien es zumindest, erhob sich unbeholfen und flatterte davon, wobei er mehrere Meter lange Beine hinter sich herzog. Dann zog Bennie erst seine Jacke und dann seine Regenjacke an. Er merkte, dass seine Hände taub waren. Die Sonne stand jetzt nur noch etwa einen Fuß über der Himmelslinie.

Diesmal war es Marc, der grunzte und das Kanu mit einem Seitwärtsstoß Richtung Flussufer schob. Es landete auf einem Sandgürtel und wurde an Land geschleppt. Bennie, der der Nacht mit großer Sorge entgegengefiebert hatte, stellte nun zu seinem großen Glück fest, dass die Kälte die Kriebelmücken fernhielt. Mit Freude half er dabei, trockene Stöcke einzusammeln, Zeltpflöcke einzuschlagen und Rentiermoos für die Einstreu zu pflücken. Dann, als es dunkel wurde, briet Edouard Spiegeleier und Speck, und die drei Männer aßen mit ausgezogenen Stiefeln und bestrumpften Füßen im Feuer, wie es sich für Männer gehört, die fünfzehn Stunden im Freien gearbeitet haben. Sie tranken Blechbecher mit heißem Tee, ein Pint nach dem anderen, und fanden ihn gut; und sie rauchten ihre Pfeifen, den

Rücken an die Baumstämme gelehnt, und fanden es himmlisch. Dann, als die Sterne aufgingen und der Wald hinter ihnen mit seltsamen Geräuschen knackte, nahm Edouard seine Pfeife aus dem Mund.

„Es wird kalt", sagte er. „Heute Abend werden die Marionetten tanzen."

Bennie hörte ihn wie über einen großen, gähnenden Abgrund hinweg. Sogar der Feuerschein schien Hunderte Meter entfernt zu sein. Der kleine Professor war „all in" und saß mit gesenktem Kinn wieder auf der Brust, bis er Marc ausrufen hörte:

„ *Voilà! Elles dansent !* "

Er hob den Blick. Auf der anderen Seite des schwarzen, stillen Flusses leuchteten drei riesige prismatische Suchscheinwerfer hoch auf den Polarstern zu, solche Suchscheinwerfer, wie sie die Götter bei einem monströsen Spiel einsetzen könnten. Sie schwankten hier und da, bewegten sich und wichen aus, verblassten und tauchten wieder auf, bis Bennie schwindelig die Augen schloss. Die Lichter tanzten noch immer im Norden, als er zu seinem Sofa aus Moos stolperte.

„ *Toujour les marionettes!* " flüsterte Marc sanft, wie er es einem Kind sagen würde. „ *Guten Soir , Monsieur.* "

Das Zelt war heiß und blendend weiß über seinem Kopf, als leise Stimmen, Schritte und das Klirren von Blech auf Eisen den Professor aus einem tiefen Koma weckten. Die Guides hatten das Kanu bereits beladen und warteten auf ihn. Die Sonne stand hoch. Entschuldigend zog er seine Stiefel an und als er in den Sand trat, spritzte ihm das eisige Wasser ins Gesicht. Seine Muskeln ächzten und kratzten. Sein Hals weigerte sich, mit seiner gewohnten Elastizität auf seine Wünsche zu reagieren. Aber er trank seinen Tee und aß sein Rührei mit einer Begeisterung, die man in Cambridge, Massachusetts, nicht kannte. Marc half ihm ins Kanu und sie fuhren los. Der Tag hatte begonnen.

Der Fluss wurde etwas schmaler und die Ufer wurden felsiger . Mittags aßen sie auf einer anderen Sandbank zu Mittag. Bei Sonnenuntergang sahen sie ein Karibu. Es wurde Nacht. „Immer die Marionetten." So vergingen neun Tage – wie ein Traum für Bennie; Und dann kam das erste Abenteuer.

Es war ungefähr vier Uhr nachmittags am zehnten Tag ihrer Reise auf dem Moisie , als Marc plötzlich aufhörte zu paddeln und aufmerksam zum Ufer blickte. Nach einem Moment sagte er leise etwas zu Edouard, und sie drehten das Kanu und fuhren schnell auf eine kleine Bucht zu, die halb von Felsen verdeckt war. Bennie, der seine Augen anstrengte, konnte zunächst nichts sehen, aber als das Kanu nur noch zehn Meter vom Ufer entfernt war, erblickte er die regungslose Gestalt eines Mannes, der auf dem Gesicht lag und den Kopf fast im Wasser hatte. Marc drehte ihn sanft um, aber die Gliedmaßen fielen schlaff herab, ein Bein stand in einem grotesken Winkel zum Knie. Bennie sah sofort, dass es kaputt war. Das Gesicht des Indianers war weiß und eingefallen, zweifellos vor Schmerz.

„ *Il est mort!* " sagte Marc langsam und bekreuzigte sich.

Edouard zuckte mit den Schultern und holte eine kleine Flasche Brandy aus der Tasche des Professors. Er zwang den Kiefer aufzureißen und schüttete ein paar Tropfen in den Mund des Mannes. Der Indianer würgte und öffnete die Augen. Edouard grunzte.

„ *La jeunesse pense qu'elle sag tout!* „ bemerkte er verächtlich.

So fanden sie Nichicun , ohne den Bennie das Ziel seiner Suche vielleicht nie erreicht hätte. Es dauerte drei Tage, den halbtoten und gänzlich verhungerten Montagnais wieder zum Leben zu erwecken, aber er erhielt die liebevollste Fürsorge. Marc erschoss ein junges Karibu, gab ihm das Blut zu trinken und machte ein Ragout, um das Fleisch wieder auf seine Knochen zu bringen. In der Zwischenzeit schlief der Professor stundenlang auf dem Moos und gönnte sich die dringend benötigte Ruhe; und nach und nach erfuhren sie von Nichicun die Geschichte seines Unglücks – die Geschichte, die Teil der Chronik der Expedition ist, die im Smithsonian Institution gelesen werden kann.

Er sei ein Montagnais, sagte er, mit einer Fallenreihe nordöstlich der Höhe des Landes, und letzten Winter habe er wirklich großes Pech gehabt. Es waren immer weniger Fallen in seinen Fallen gewesen und er hatte kein Karibu gesehen. Also hatte er seine kranke Frau mitgenommen und war in das Nascopee -Land gegangen, um etwas zu essen, und dort war seine Frau gestorben. Er hatte sich sehr spät in der Saison dazu entschlossen, nach Moisie zu kommen , seine Messe zu feiern, eine neue Frau zu bekommen und im Herbst eine neue Reihe von Fallen zu starten. Alle anderen Montagnais waren schon vor langer Zeit mit ihren Kanus den Fluss hinuntergefahren, also war er allein. Seine Vorräte waren aufgebraucht und er sah kein Karibu. Er begann zu glauben, dass er mit Sicherheit verhungern würde. Und dann hatte er eines Abends auf der Landzunge direkt über ihrem jetzigen Lager ein Karibu gesehen und es erschossen, war aber zu schwach gewesen, um gut zu zielen, und hatte ihm nur die Schulter gebrochen. Es lag strampelnd zwischen den Felsbrocken und trieb sich an den Hinterbeinen voran, und er hatte befürchtet, es würde entkommen. In seiner Eile, dorthin zu gelangen, war er auf einem nassen Felsen ausgerutscht, gestürzt und hatte sich das Bein gebrochen. Trotz der Schmerzen war er weitergekrochen und dann hatte ein wilder, schrecklicher Kampf ums Leben zwischen dem sterbenden Mann und dem sterbenden Tier stattgefunden.

Er konnte sich nicht an alles erinnern, was geschehen war – er war getreten, aufgespießt und gebissen worden; aber schließlich hatte er seine Kehle gepackt und schlitzte sie mit seinem Messer auf. Dann lag er daneben auf dem Boden, trank sein Blut und schnitt das rohe Fleisch in Streifen ab, um es zu essen. Schließlich war er eines Tages zum Fluss gekrochen, um Wasser zu holen, und war ohnmächtig geworden.

Der Professor und seine Führer bauten für den Indianer eine Hütte aus Steinen und Rinde und warfen einen großen Haufen Moos in die Ecke, damit er darauf liegen konnte. Sie schnitzten eine Schiene für sein Bein, banden es fest und machten einen riesigen Haufen Brennholz für ihn, räucherten Karibufleisch und hängten es in der Hütte auf. Jemand würde flussaufwärts kommen und ihn finden, oder wenn nicht, würden die drei Männer ihn bei ihrer Rückkehr abholen. Denn das war richtig und das Gesetz des Waldes. Doch bis zum Abend vor ihrer Abreise sprach Nichicun nie ein Wort, das für Prof. Bennie Hooker von besonderem Interesse gewesen wäre , obwohl der Grund und die Art seiner Rede ganz natürlich waren. Es geschah wie folgt: Zunächst muss jedoch gesagt werden, dass die Nascopees ein unwissender und barbarischer Stamm sind, schmutzig und verräterisch, auf den die Montagnais mit Verachtung und Verachtung herabblicken. Sie tragen nicht einmal zivilisierte Kleidung, und ihre Sitten sind nicht die Sitten der *Bons Sauvages* . Sie haben keine Priester; sie kommen nicht an die Küste; und die Montagnais werden sich nicht unter sie mischen. Es zeigte also den Hunger von Nichicun , dass er bereit war, in ihr Land zu gehen.

Als er an jenem letzten Abend mit Marc und Edouard am Feuer saß, äußerte Nichicun seine Meinung über die Nascopees , und Marc übersetzte zu Bennies Erbauung frei übersetzt.

Nein, sagte ihnen der verletzte Montagnais, die Nascopees seien nicht nett; sie waren schmutzig. Sie aßen verdorbenes Essen und gingen nie zur Messe. Außerdem waren sie dumm. Während er dort war , planten sie alle aus dem absurdesten Grund auszuwandern – was glauben Sie? Magie! Sie behaupteten, das Ende der Welt käme! Natürlich würde es noch eine Weile dauern. Aber sie sagten jetzt, sofort. Aber warum? Weil die Marionetten so viel getanzt haben. Und sie hatten gesehen, wie der Vater der Marionetten am Himmel schwebte und donnerte! Narren! Aber das Seltsamste von allem war, dass sie sagten, sie könnten nicht mehr jagen, weil sie Angst hätten, etwas zu überqueren – eine eiserne Schlange, die mit Feuer stach, wenn man sie berührte, und einen tötete! Was für eine Dummheit! Eine eiserne Schlange! Aber er hatte sie gefragt und sie hatten am heiligen Kreuz geschworen, dass es wahr sei.

Bennie hörte zu, während ihm ein Schauer über den Rücken lief. Aber es würde nie genügen, anzudeuten, was diese Enthüllung für ihn bedeutete.

Zwischen den Zügen seiner Pfeife stellte er Nichicun beiläufige, nachlässige Fragen . Diese Nascopees zum Beispiel, wie weit könnte ihr Land entfernt sein? Und wo behaupteten sie, dass diese außergewöhnliche Schlange aus Eisen sei? Gab es Flüsse im Nascopee- Land? Sind jemals weiße Männer dorthin gegangen? All diese Dinge erzählte ihm der verwundete Montagnais. Darüber hinaus schien es, dass der Rassini- Fluss in der Nähe des Nascopee- Territoriums lag und nur sieben Meilen oberhalb des Lagers in den Moisie mündete . Die ganze Nacht tanzten die Marionetten in Bennies Gehirn.

Am nächsten Morgen legten sie Nichicun auf sein Moosbett, legten ein Gewehr und eine Schachtel Streichhölzer neben ihn und sagten ihm Lebewohl. An der Mündung des Rassini River hob Prof. Bennie Hooker seine Hand und verkündete, dass er in das Nascopee- Land reisen würde. Das Kanu blieb abrupt stehen. Der alte Edouard erklärte, dass sie nur mit dem Besuch des großen Verstecks verlobt gewesen seien und dass ihre jetzige Reise nur ein kleiner Ausflug gewesen sei, um den Fluss zu besichtigen. Sie hatten keine Vorräte für eine solche Reise, keine ausreichende Menge Munition. Nein, sie würden den Professor auf der nächsten Sandbank absetzen, wenn er wollte, aber sie würden zurückgehen.

Bennie erhob sich unsicher im Kanu, kramte in seiner Tasche und holte eine Rolle Goldmünzen hervor. Zweihundertfünfzig Dollar versprach er ihnen, wenn sie ihn zum nächsten Stamm der Nascopees bringen würden ; fünfhundert, wenn sie die Eiserne Schlange finden könnten.

„ *Bien!* " riefen beide Indianer ohne zu zögern, und das Kanu stürzte vorwärts den Rassini hinauf .

Wieder einmal eine traumhafte Abfolge strahlender, frostiger Tage; noch einmal der Sternenhimmel, in dem immer die Marionetten tanzten. Und dann endlich die großen Wasserfälle des Rassini , über die noch kein Weißer hinausgegangen war. Sie versteckten das Kanu im Gebüsch und stellten den Eisenofen und die Hälfte ihres Lebensmittelvorrats darunter. Dann stürzten sie sich ostwärts ins Unterholz. Bennie hatte noch nie eine so anstrengende Arbeit und herzzerreißende Müdigkeit erlebt; und die Fliegenwolken verfolgten sie giftig und mit unerbittlicher Beharrlichkeit. Zuerst mussten sie sich ihren Weg durch mehrere Hektar Buschwerk bahnen, dann hob sich das Land und sie sahen vor sich kilometerlanges Sumpf- und karges Land, übersät mit Zwergbäumen und mit Flechten bewachsenen Felsen . Hier war es einfacher und sie kamen schneller voran; aber die Beine des Professors schmerzten und sein Gewehr trug einen roten Fleck auf der Schulter davon. Und dann, nach fünf Tagen der Qual, stießen sie auf die Eisenschiene. Es verlief fast in direkter Linie von Nordwesten nach Südwesten, ohne zu schwanken, direkt über das Ödland und durch die Buschwälder, mit einer Lichtung von fünf Fuß auf beiden Seiten. In regelmäßigen Abständen wurde es auf isolierten Eisenstützen auf eine Höhe von 20 bis 20 cm angehoben. Sowohl Marc als auch Edouard starrten sie verwundert an, während Bennie ihnen eine kleine Ansprache hielt.

Er sagte, es handele sich um etwas namens „Einschienenbahn", das von einem Mann gebaut worden sei, der seltsame Geheimnisse über die Erde und die Eigenschaften der Materie besaß. Dieser Mann lebte auf der Höhe des Landes in Richtung Ungava. Er war ein guter Mann und würde anderen guten Männern keinen Schaden zufügen. Aber er war ein großer Zauberer – wenn man an Magie glaubte. Auf der Schiene trieb er zweifellos eine sogenannte Kreiselmaschine an und transportierte seine Vorräte und Maschinen in die Wildnis. Die Nascopees waren schließlich keine solchen Dummköpfe, denn hier war etwas, dem sie zu begegnen fürchteten – die eiserne Schlange, die biss und tötete. Lassen Sie sie zusehen, wie er es zum Beißen brachte. Er ließ sein Gewehr gegen die Reling fallen, und augenblicklich sprühte ein blauer Funkenschauer davon auf, als die Strömung in die Erde sprang.

Bennie zählte fünfundzwanzig Steinadler und reichte sie Edouard. Wenn sie der Schiene bis zu ihrem Ursprung folgten, würde er ihnen, wie er versprach, bei ihrer Rückkehr in die Zivilisation noch einmal so viel geben. Ohne weitere Umschweife hoben die Indianer ihre Rucksäcke und machten sich entlang der Relinglinie auf den Weg nach Nordwesten. Die Aktie von Prof. Bennie Hooker war ihrer Einschätzung nach gestiegen. Weiter pflügten sie durch das Ödland, durch Sümpfe, über den zitternden Moschusgras, in die Büsche, wo ihnen die kurzen Äste ins Gesicht schlugen, aber sie behielten die Reling immer im Blick.

Die außergewöhnliche Meldung verschiedener europäischer Nachrichtenagenturen, dass der Kommandeur der Ersten Artillerie-Division der deutschen Maas-Armee einen Versuch unternommen habe, den Waffenstillstand zu verletzen, hatte großes Aufsehen erregt, insbesondere als Versuch, Paris zu zerstören war nur durch das plötzliche Auftauchen desselben mysteriösen Fliegenden Rings verhindert worden, der kurz zuvor die Zerstörung des Atlasgebirges und die Überschwemmung der Sahara durch das Mittelmeer verursacht hatte.

Das Erscheinen des Fliegenden Rings bei dieser zweiten Gelegenheit wurde von mehreren Hunderttausend Personen, sowohl Soldaten als auch Nichtkombattanten, zur Kenntnis genommen. Ungefähr um Mitternacht war der Ring aus dem Norden aufgetaucht, als ob er beobachten wollte, ob die kriegführenden Nationen ernsthaft beabsichtigten, ihre Vereinbarung einzuhalten und eine tatsächliche Einstellung der Feindseligkeiten herbeizuführen, und war, durch den Himmel schwebend, dem Ring gefolgt

Linien der Kriegführenden von Brüssel nach Verdun und südwärts. Das blendende gelbe Licht, das es auf die Erde projiziert hatte, hatte die in ihren Verschanzungen schlafenden Soldaten aufgeweckt und entlang der gesamten Befestigungslinie große Bestürzung hervorgerufen, da allgemein angenommen wurde, dass der Direktor seines Fluges die Absicht hatte, die vereinten Armeen Frankreichs zu vernichten. England, Deutschland und Belgien. Aber der Ring war friedlich in dreitausend Fuß Höhe dahingesegelt, hatte die Landschaft mit seinem blendenden Licht überflutet, seine Strahlen in die Kasematten der riesigen Festungen am Rhein und die Außenlinie der französischen Befestigungsanlagen geschickt und die Schanzen und Schützengräben abgesucht, aber den schlafenden Armeen, die darunter lagen, keinen Schaden zuzufügen; Bis schließlich die Stille der Nacht durch den Donner von „Thanatos“ gebrochen wurde und im Handumdrehen der Lavendelstrahl herabstieg und das Dorf Champaubert in den rauchenden Krater eines sterbenden Vulkans verwandelte. Die gesamte Artilleriedivision war mit Ausnahme einiger Nachzügler vernichtet worden, und von der Staffelkanone war nichts als eine verzerrte Pfütze aus Stahl und Eisen übrig.

Lange bevor die Nachricht von der schrecklichen Vergeltung, die der Meister des Rings gegen Treitschke, den Generalmajor der Artillerie, und den Erfinder Von Heckmann verübt hatte, die Vereinigten Staaten erreicht hatte, saß Bill Hood in der Funkempfangsstation der Marine Observatorium in Georgetown, hatte über den Äther eine Nachricht von seinem mysteriösen Korrespondenten im Norden erhalten, die ihn eilig zum Weißen Haus schickte. Pax hatte das Marineobservatorium angerufen und das folgende Ultimatum übermittelt und es, wie es seine Gewohnheit war, dreimal wiederholt:

„ An den Präsidenten der Vereinigten Staaten und an die gesamte Menschheit:

„Ich habe die Nationen auf die Probe gestellt und festgestellt, dass sie mangelhaft sind. Der feierliche Vertrag, den die Botschafter der kriegführenden Nationen in Washington geschlossen haben, wurde verletzt. Mein Versuch, mit harmlosen Mitteln die Einstellung der Feindseligkeiten und die Abschaffung des Krieges zu erzwingen, ist gescheitert . Ich kann den Nationen der Erde nicht vertrauen. Ihr Egoismus, ihre Blutrünstigkeit und Gier werden sie unweigerlich daran hindern, ihre Vereinbarungen mit mir zu erfüllen oder die Bedingungen ihrer Verträge untereinander einzuhalten, die sie, wie sie selbst erklären, lediglich als solche betrachten 'Papierschnipsel.' Für mich ist die Zeit gekommen, den Frieden zu erzwingen. Ich bin der Diktator des menschlichen Schicksals und mein Wille ist Gesetz. Der Krieg wird aufhören. Am 10. September werde ich die Erdachse verschieben, bis der Nordpol in der Region sein wird von Straßburg und dem Südpol in Neuseeland. Die bewohnbare Zone der Erde wird künftig in Südafrika, Süd- und Mittelamerika sowie in Regionen liegen, die heute vom Menschen nicht mehr besucht werden. Die Nationen müssen auswandern und ein neues Leben, in dem es keinen Krieg gibt, muss beginnen auf dem Globus. Dies ist meine letzte Botschaft an die Menschheit.

PAX.

Die vom Präsidenten an diesem Nachmittag ins Weiße Haus einberufene Botschafterkonferenz wies einen auffallenden Kontrast zur ersten auf, bei der von Koenitz und die Botschafter aus Frankreich, Russland und England ihre denkwürdigen Meinungsverschiedenheiten gehabt hatten. Es war eine ernsthafte, besorgte und verhaltene Gruppe von Herren, die sich um den großen Mahagonitisch im Kabinettssaal versammelte, um zu diskutieren, welche Vorgehensweise die Nationen verfolgen sollten, um das drohende Unglück für die Menschheit abzuwenden. Niemand zweifelte mehr daran, dass Pax die Erdachse verschieben oder den Globus aus seiner Umlaufbahn in den Weltraum sprengen könnte, wenn er sich dazu entschließen würde.

Und zunächst war es die Aufgabe des Botschafters, der die kaiserlich-deutschen Kommissare vertrat, seinen angesehenen Kollegen zu versichern, dass seine Nation jegliche Verantwortung für das Verhalten von General Treitschke bei der Bombardierung von Paris nach der für den Waffenstillstand festgelegten Stunde ablehnte und ablehnte. Es sei ungerecht und widerspreche den Geboten der Vernunft, argumentierte er, die Regierung einer Nation, die aus 65 Millionen Menschen und fünf Millionen bewaffneten Männern bestehe, für die Taten eines einzelnen Individuums zur Rechenschaft zu ziehen. Er sprach leidenschaftlich, eloquent und überzeugend, und am Ende seiner Rede waren die anwesenden Botschafter gezwungen, anzuerkennen, dass das, was er sagte, wahr war, und vorbehaltlos seine plausiblen Versicherungen zu akzeptieren, dass die kaiserlich-deutschen Kommissare nichts anderes im Sinn hatten, als mit ihnen zusammenzuarbeiten anderen Regierungen bei der Herbeiführung eines dauerhaften Friedens, wie ihn Pax forderte.

Aber die unmittelbare Frage war: War die Zeit dafür nicht vergangen? War es nicht zu spät, den Meister des Fliegenden Rings davon zu überzeugen, dass seinen Befehlen Folge geleistet würde? Könnte irgendetwas getan werden, um das Unheil abzuwenden, das er über die Erde zu bringen drohte – um die Umwandlung Europas in eine öde Wüste aus Eisfeldern zu verhindern? Denn Pax hatte verkündet, dass er zum letzten Mal gesprochen habe und das Schicksal Europas besiegelt sei. Alle Botschafter waren sich einig, dass eine allgemeine europäische Einwanderung praktisch unmöglich sei; und als letzten Ausweg wurde schließlich beschlossen, über die Georgetown-Station eine drahtlose Nachricht an Pax zu übermitteln, die von allen Botschaftern der kriegführenden Nationen unterzeichnet war und sich feierlich bereit erklärte, innerhalb einer Woche ihre Armeen aufzulösen und alle ihre Munition und Geräte zu vernichten Krieg. Diese Nachricht wurde Hood mit Anweisungen für die sofortige Zustellung zugestellt. Den ganzen Nachmittag und Abend saß der Operator im Observatorium und rief immer wieder die drei Buchstaben, die die einzige Kommunikation der Menschheit mit dem Herr über ihr Schicksal kennzeichneten:

„PAX – PAX – PAX!"

Aber es kam keine Antwort. Lange, erschöpfte Stunden wartete Hood, die Ohren an die Hörer geheftet. Eine undurchdringliche Stille umgab den Meister des Rings. Pax hatte gesprochen. Er würde nichts mehr sagen. Spät in der Nacht kehrte Hood widerwillig ins Weiße Haus zurück und teilte dem Präsidenten mit, dass er nicht in der Lage sei, die Botschaft der Nationen zu überbringen.

Und in der Zwischenzeit kämpfte sich Prof. Bennie Hooker mit Marc und Edouard durch die Wildnis von Labrador und folgte der Eisenschiene, die zum Versteck des Herrn der Welt führte.

Das schreckliche Schicksal des deutschen Expeditionskorps ist zu bekannt, als dass es einer Stellungnahme bedarf. Wie bereits erwähnt, war die *Sea Fox zwölf Tage nach der Konferenz zwischen General von Helmuth und Professor von Schwenitz im Kriegsministerium in Mainz ausgelaufen*. Als es nördlich der Orkneys angekommen war, hatte es schönes Wetter erlebt, und es hatte Hamilton Inlet in zehn Tagen ohne Zwischenfälle und mit Männern und Tieren in bester Verfassung erreicht. In Rigolet waren die Männer von Bord gegangen und hatten ihre Haubitzen, Maultiere und Vorräte auf die zu diesem Zweck mitgebrachten Lastkähne mit flachem Boden geladen. Dreißig französische und indische Führer waren engagiert worden, und fünf Tage später war die Expedition, gezogen von den leistungsstarken Motorbarkassen, flussaufwärts in Richtung der Seenkette gestartet, die nordwestlich in Richtung Ungava lag. Alle waren in bester Stimmung und alles verlief mit gewohnter deutscher Präzision wie am Schnürchen. Nichts war vergessen, nicht einmal die scharfsinnige Erfindung eines Berliner Chemikers, Mücken abzuschrecken. Ohne Mühe und ohne Angst bohrten sich die vierzehn Lastkähne durch die schnellen Strömungen und erreichten schließlich einen großen See, der kilometerweit wie ein silberner Spiegel um sie herum lag. Der Mond ging auf und verwandelte die Boote in seltsame Formen, während sie durch den grauen Nebel pflügten – ein seltsamer und schrecklicher Anblick für die Nascopees, die im Unterholz am Ufer lauerten. Und während die Männer rauchten und „Die Wacht am Rhein" sangen und dem Trillern der Wellen am Bug lauschten, landete das vorderste Motorboot.

Der Schwung des unmittelbar folgenden Lastkahns konnte nicht kontrolliert werden, und dieser fuhr seinerseits in etwas, das wie eine Schlammbank aussah. Ungefähr im gleichen Moment erreichten die anderen Lastkähne den Grund. Unter den Expeditionsmitgliedern herrschte große Aufregung und Verwirrung, da sie sich fast außer Sichtweite des Landes befanden und der Tiefgang der Motorboote nur 19 Zoll betrug. Aber keine Anstrengungen konnten die Lastkähne von ihrem Standort entfernen. Die ganze Nacht über wirbelten die Propeller das glitzernde Wasser des Sees zu Schaum auf, doch ohne Erfolg. Jeder einzelne Lastkahn und jedes Boot strandete hart und schnell, und als sich das graue Tageslicht über den See schlich, war kein See mehr zu sehen, nur ein stinkender Sumpf, der kilometerweit mit einem Gewirr aus grünem Schleim und verwesendem Pflanzenmaterial bedeckt war Es scheint, dass kein Mensch und kein Tier zappeln könnte. Soweit das Auge reichte, lag nur ein schwärzlicher Schlamm. Und mit der Sonne kamen Millionen von Mücken und Fliegen und trieben die Männer und Maultiere mit ihren Stichen in Panik.

Nur ein Mann, Ludwig Helmer, ein Waffenfahrer aus Potsdam, überlebte. Halb verrückt nach den Fliegen und fast nackt, fand er, nachdem alle seine Kameraden verdurstet waren, irgendwie seinen Weg durch das bebende Moor und erreichte einen Stamm von Nascopees , der ihn an die Küste brachte. Eine große Explosion, sagten sie ihm, habe den Fluss zerrissen Nascopee sprang aus seinem Bett und lenkte seinen Kurs ab. Die Seen, die es speiste, waren alle ausgetrocknet.

Vom Schweiß geblendet, unter der schweren Last ihrer Kleidung schwitzend, von den Kriebelmücken und Mücken fast zur Raserei angestachelt, taumelten Hooker, Marc und Edouard durch das Unterholz und folgten der Einschienenbahn. Sie hatten bereits den Gipfel des Height of Land erreicht und arbeiteten sich nun den Nordhang hinunter in Richtung Ungava. Das Land war unfruchtbar, jenseits der Vorstellungskraft des einfallslosen Bennie. Kleine Zwergbäume kämpften darum, zwischen den mit Flechten bedeckten Felsvorsprüngen und dem sonnengetrockneten Moos der Mulden Halt zu finden. Der kleinste Anstieg zeigte kilometerlange große Wüstenlandschaft, die sich endlos in alle Richtungen wellte. Die Hitze, die von den Felsen schimmerte, war fast erstickend. Am Mittag des 10. September warfen sie sich in den Schatten eines schmalen Felsvorsprungs, kochten Tee, rauchten ihre Pfeifen und fächelten wild die Luft auf, um die Insektenschwärme zu vertreiben, die sie angriffen.

Hooker war wegen Schlaf- und Wassermangel halb betrunken. Schon ein- oder zweimal hatte er sich beim Gespräch mit Marc und Edouard dabei ertappt, dass er herumirrte. Das Ganze war wie ein schrecklicher, widerlicher

Albtraum. Und dann wurde ihm plötzlich bewusst, dass die beiden Indianer aufmerksam durch die Mückenwolken über den Baumwipfeln nach Osten starrten. Durch den Schweiß, der ihm in die Augen lief, versuchte er zu erkennen, was sie sehen konnten. Aber er konnte nichts außer Mücken erkennen. Und dann glaubte er, eine Mücke zu sehen, die größer war als alle anderen. Er winkte damit, aber es blieb, wo es war. Eine leichte Brise trieb den Schwarm kurzzeitig davon, und er sah immer noch die große Mücke über dem Horizont schweben. Dann hörte er Marc rufen:

„Quelque wählte Vol en Höhle !"

Er rieb sich die Feuchtigkeit aus den Augen und starrte auf die Mücke, die mit jeder Minute größer wurde. Mit der Geschwindigkeit eines Projektils schoss dieses monströse Insekt, oder was auch immer es war, von der Höhe des Landes hinter ihnen her und flog in einer großen Parabel in den Zenit, bis Bennie mit einem Schauder der Aufregung erkannte, dass es der Fliegende Ring war .

„Er ist es", plapperte er nachdrücklich, wenn auch ungrammatikalisch.

Marc und Edouard nickten.

„ Oui , oui !" riefen sie gleichzeitig. *„ C'est Celui que vous Cherchez !"*

„ Il retourne chez lui ", sagte Marc.

Und dann tanzte Bennie, ohne eine Erklärung abzugeben, in der schwindelerregenden Sonne auf den Felsen auf und ab, schwenkte seinen Hut und rief dem Vater der Marionetten zu. Was er schrie, wusste er nie. Und auch Marc und Edouard schrien. Aber der Meister des Rings hörte sie nicht, oder wenn er es hörte, schenkte er ihnen keine Beachtung. Der Ring kam immer näher, bis Bennie den glänzenden Zylinder seines großen Stahlkreises sehen konnte. In einer Entfernung von etwa zwei Meilen fegte es über einen niedrigen Bergrücken durch die Luft und ließ sich in Richtung Ungava auf der Erde nieder.

„Er schafft vielleicht nur zehn Meilen", verkündete Marc selbstbewusst. „ *Un petit bout de chemin.* Wir kommen heute Abend dort an."

Sie mühten sich weiter neben der Schiene ab, doch nun brodelte die Hoffnung. Bennie sang und pfiff, ohne auf die Mücken und Kriebelmücken zu achten, die ihre Angriffe mit unaufhörlicher Heftigkeit wiederholten. Die Sonne senkte sich in die Kiefern, schoss blendende Strahlen durch die niedrigen Äste und versank dann in einem Gewirr aus purpurgelbem Licht. Im Osten wurde der Himmel grau; Schwache Sterne funkelten durch die zitternden Wellen, die noch immer von den überhitzten Felsen zitterten. Es wurde kalt und die Mücken verschwanden. Sie schmiegten sich an die Reling und taumelten weiter, bald über zitternde Moschusbäume, bald durch

Dickichte aus verfilztem Gestrüpp, bald auf großen Felsvorsprüngen und dann über Karibu-Wüsten, die knietief in trockenem und knisterndem Moos lagen. Die Dunkelheit brach herein und die Vorsicht befahl ihnen, ihr Lager aufzuschlagen. Aber in ihrer Aufregung stapften sie weiter, bis plötzlich ein blasser Schein hinter den Zwergbäumen zeigte, dass der Mond aufging. Sie kochten das Wasser, machten Tee und backten ein paar Kekse. Bald konnten sie ihren Weg weiterverfolgen.

„Das meiste ist jetzt da", ermutigte Marc.

Anstatt abzusteigen, stellten sie plötzlich fest, dass das Land wieder anstieg, und sie kämpften sich durch das Unterholz einen felsigen Hügel hinauf, der vielleicht dreihundert Fuß hoch war. Marc lag an der Spitze, Bennie ein paar Meter hinter ihm. Als sie den Kamm erreichten, drehte sich der Indianer um und zeigte auf etwas vor ihm, das Bennie nicht erkennen konnte.

" *Wir sind kommt* ", verkündete er.

Mit klopfendem Herzen von der Anstrengung des Aufstiegs kroch Bennie neben seinem Führer herauf und sah sich einem starken Stacheldrahtgeflecht gegenüber, das an Eisenpfosten befestigt war, die fest in den Felsen verankert waren. Sie befanden sich auf der Spitze eines Bergrückens, der zu ihren Füßen abrupt in ein etwa eine Meile breites Tal abfiel und auf der anderen Seite in senkrechten Klippen endete, deren Höhe Bennie auf etwa achthundert bis tausend Fuß schätzte. Obwohl die Verstrickung keineswegs unüberwindbar war, stellte sie doch ein deutliches Hindernis dar, das sie lieber bei Tageslicht bewältigten. Darüber hinaus wurde darauf hingewiesen, dass ihre Gesellschaft unerwünscht sei. Sie befanden sich in der Gegenwart einer unbekannten Größe, des Meisters des Fliegenden Rings. Ob er ein bösartiger oder ein wohlwollender Einfluss war, dieser Vater der Marionetten, konnten sie nicht sagen.

Mit dem Rücken gegen eine kleine Fichte gelehnt, richtete Bennie seine Brille auf dunkle Formen, die mitten im Tal kaum zu erkennen waren. Er wurde von einer tiefen Erregung, einer seltsamen Angst ergriffen. Was würde er sehen? Welche Geheimnisse würden diese vagen Formen offenbaren? Die von den Klippen geworfenen Schatten und ein leichter Nebel, der sich in der Tiefebene sammelte, erschwerten die Sicht; Und dann, noch während er hinsah, stieg der Mond höher und schien durch etwas in der Mitte des Tals, das wie ein großes, gruseliges Skelett aussah. Es schien Beine und Arme, einen seltsamen pilzförmigen Kopf und endlose Rippen zu haben. Unter ihm und zu seinen Füßen befanden sich andere und unbestimmtere Formen – flache Kuppeln oder Kuppeln, vielleicht bombensicher, Gebäude irgendeiner Art – Pax' Heimat auf jeden Fall.

Als er durch die Brille auf den skelettartigen Turm blickte, hatte Bennie das außergewöhnliche Gefühl, alles schon einmal irgendwo gesehen zu haben. Wie in einem längst vergessenen Traum erinnerte er sich an Teslas Turm in der Nähe von Smithtown auf Long Island. Und das war Teslas Turm, sonst nichts! Es ist seltsam, wie bei großen Krisen unseres Lebens Gefühle des vorausschauenden Wissens entstehen. Es gibt tatsächlich nichts Neues unter der Sonne; Sonst hätte Bennie mehr Angst gehabt. So wie es war, sah er nur Teslas Smithtown Tower, dessen Spitze wie ein junger Pilz aussah. Und gleichzeitig blitzte es in seiner Erinnerung auf: „Childe Harold kam zum Dunklen Turm." Wieder und wieder wiederholte er es mechanisch, denn er hatte das Gefühl, dass er einer von denen sein könnte, die der Dichter besungen hatte. Doch er hatte die Zeilen jahrelang nicht gelesen:

Brennend wurde es mir plötzlich klar : Das war der Ort!... Was lag in der Mitte außer dem Turm selbst?

Seine Augen suchten die Schatten rund um den Turm ab, denn seine Ohren hatten bereits ein schwaches, fast unhörbares Pochen vernommen, das von Moment zu Moment stärker zu werden schien. Es lag tatsächlich ein dumpfes Vibrieren in der Luft, ein Vibrieren wie das ferne Summen von Maschinen. Plötzlich berührte der alte Edouard Bennie an der Schulter.

„ *Regardez !* ", flüsterte er.

In der Haube des Turms fanden einige Veränderungen statt. Von einem schwarzen, undurchsichtigen Objekt aus begann es sich in ein mattes Rot zu verwandeln und ein gedämpftes Leuchten zu verbreiten, während das Summen in ein deutliches Surren überging.

Bennie wurde vor Aufregung fast hysterisch.

Bald war die Haube des Turms weiß geworden und das Leuchten hatte zugenommen, bis das ganze Tal in ein gedämpftes und sanftes Licht getaucht war. Der Ring war etwa eine halbe Meile entfernt deutlich zu erkennen, wie er auf einer riesigen kreisförmigen Stütze ruhte.

„ *C'est le feu!* " grunzte Marc. „ *C'est Ainsi que l'on fait danser les marionettes!* "

Es bestand kein Zweifel daran, dass die Turmhaube tatsächlich weißglühend war, denn die senkrechten Klippen des Berges auf der anderen Seite des Tals reflektierten scharf das Licht, das sie verbreitete. Das summende Surren der großen Lichtmaschine steigerte sich allmählich zu einem Schrei, der an den Aufschrei eines wütenden Wesens erinnerte. Und dann schoss unerwartet ein Strahl blassen lavendelfarbenen Lichts aus der leuchtenden Haube und verlor sich in der Schwärze des Mitternachtshimmels. Nun bot sich ein wunderbares und wunderschönes Schauspiel: Unmittelbar über dem Punkt, an dem die Strahlen im Äther verschwanden, entstanden plötzlich Hunderte von gelben Feuerpunkten am Himmel, die wie Glühwürmchen hin und her schossen, einige bewegten sich langsam und andere mit solcher Geschwindigkeit, dass sie auftauchten als gleichmäßige, leuchtende Linien.

„ *Les Marionetten! Les Marionetten!* " schrie Marc zitternd.

„Überhaupt nicht! Überhaupt nicht! Das sind Meteoriten!" antwortete Bennie, der völlig in die wissenschaftliche Phase der Angelegenheit vertieft war und vergaß, dass er nicht die Sprache des anderen sprach. „Der Weltraum ist voller Meteorstaub. Die größeren Partikel, die auf unsere Atmosphäre treffen und sich durch Reibung entzünden, bilden Sternschnuppen. Der Strahl – der Lavendelstrahl –, der bis in die entlegensten Regionen des Weltraums reicht, trifft sie in unzähligen Mengen und zerfällt Sie umgeben sie mit leuchtenden Atmosphären. Aber bei George, wenn er anfängt, den Strahl auf dieser Klippe zu spielen, müssen wir von unten aufstehen! Schaut her, Jungs", schrie er, „stopft euch etwas in die Ohren." Er ergriff sein Taschentuch, riss es auseinander, machte daraus zwei Stöpsel und steckte sie in die Öffnungen seiner Ohren bis zu den Trommeln. Die anderen folgten verwundert seinem Beispiel.

„Er wird die Erde erschüttern!" rief Bennie Hooker. „Er wird die Erde wieder zum Beben bringen!"

Langsam schwebte der Lavendelstrahl durch den Äther, gefolgt von seinen Millionen Meteoriten, senkte sich zur Nordseite des Tals und sank immer tiefer und tiefer in Richtung der Klippe. Bennie warf sich flach auf den Bauch auf den Hügelkamm und presste die Hände an die Ohren. Die anderen, die spürten, dass etwas Schreckliches passieren würde, folgten seinem Beispiel. Immer näher am Bergrücken ließ der Strahl fallen. Bennie hielt den Atem an. Einen weiteren Augenblick später ertönte ein blendender gelber Lichtstrahl, ein Krachen wie Donner und ein Brüllen, das den Berg von seinem Fuß zu reißen schien. Die Erde bebte. In den Zenit schoß eine Flamme aus glühendem Dampf, eine Meile hoch. Der Tumult nahm zu. Lebhafte blaue Blitze schossen von der Stelle aus, auf der der Strahl spielte. Die Luft war erfüllt von Donnergrollen , und der Boden unter ihnen hob und senkte sich und schwankte von einer Seite zur anderen. Dann kam ein gewaltiger Wind, ja, ein Wirbelsturm, und Kies und abgebrochene Äste fielen auf sie, und erstickende Staubwolken füllten ihre Augen und verdeckten von Zeit zu Zeit das, was im Tal geschah. Die Felswand leuchtete wie das Innere eines Ofens, und der gleißend gelbe Schwall glühenden Heliums schoss über ihre Köpfe hinweg in den Weltraum und ließ den Nachthimmel taghell erstrahlen.

Einen Moment lang lagen sie alle fassungslos und blind da. Dann schien die Entladung sowohl an Volumen als auch an Intensität abzunehmen. Die Luft klarte etwas auf und der Boden bebte nicht mehr. Der Flammenausbruch ließ langsam nach, wie eine Fontäne, die nach und nach versiegt. Entweder würde der Ring-Mann die Erde nicht erschüttern, oder er hatte die Kontrolle über seine Maschinerie verloren.

Offensichtlich lief etwas schief. Von der Haube fielen Funkenschauer, und gelegentlich fielen riesige glühende Massen geschmolzenen Metalls daraus. Und nun begann der Lavendelstrahl langsam die Klippenwand hinunterzufegen; und der gelbe Heliumstrahl ließ allmählich nach, bis er kaum noch sichtbar war. Das Dröhnen der Lichtmaschine verstummte zunächst zu einem Summen und dann zu einem Schnurren.

„Etwas ist kaputt", dachte Bennie, „und er hat es abgeschaltet."

Der Strahl hatte nun den Fuß der Klippe erreicht und fegte über den Boden zum Fuß des Turms. Sein Weg wurde von einem kleinen Wandervulkan markiert, der seinen Rauch und Dampf hoch in die Luft schleuderte. Für Bennie war klar, dass sich die Haube des Turms langsam umdrehte und dass der jetzt schnell verblassende Strahl bald auf seinen Sockel und die angrenzende Kuppel wirken würde, in der der Meister des Rings wahrscheinlich versuchte, seine widerspenstige Maschinerie zu kontrollieren.

Und dann verlor Bennie das Bewusstsein.

Ein Spritzer Regen. Er erwachte und fand sich im grauen Licht der Morgendämmerung am Stacheldrahtzaun liegend wieder. Seine Muskeln waren steif und schmerzten, aber er verspürte ein seltsames Gefühl der Erregung. Ein Nebel zog über das Tal und verhüllte den Schauplatz des nächtlichen Unglücks. Durch die Regenböen konnte er das noch immer stehende Wrack des Turms sehen, an dessen Spitze ein Fragment geschmolzenen Induktors hing – und das weit entfernt vom Ring. Der Sockel des Turms und seine Umgebung verschwanden im Nebel. Er kroch auf die Knie und sah sich nach Marc und Edouard um, aber sie waren verschwunden. Sein Fernglas lag neben ihm, und er hob es auf und stand auf. Wie der stämmige Cortés, der auf seinem Gipfel in Darien still blieb, überblickte er den Pazifik seiner Träume. Denn der Ring war noch da! Pax wurde vielleicht vernichtet, seine Maschinerie zerstört, aber das Geheimnis blieb – und es gehörte ihm, Bennie Hooker aus Appian Way, Cambridge, Massachusetts! Als er den Zaun überquerte, riss er in seiner Aufregung ein gezacktes Loch in die Reste seines Sportanzugs, doch einen Moment später kletterte er den Grat hinunter in die Schlucht.

Es fiel ihm nicht leicht, die zerklüftete Felswand hinunterzuklettern, aber zwanzig Minuten harter Arbeit brachten ihn ins Tal und nur noch tausend Meter an die nackten Überreste des Turms heran. Zwischen seinem Standort und der Verwüstung, die durch die kulminierende Explosion in der Nacht zuvor verursacht wurde, zeigte die Erdoberfläche die üblichen Vorsprünge aus kargem Fels, die dürren Tannen und Moosflächen, mit denen er so vertraut geworden war. Hinter ihm endete die Einschienenbahn, die von der Hügelkuppe ins Leere sprang, in den baumelnden Trümmern eines Bocks, der offensichtlich in einer inzwischen verschwundenen Station in der Nähe des Turms geendet hatte. Von seinem Beobachtungspunkt aus war von den Folgen der Umwälzung kaum etwas zu erkennen, außer den Trümmern, die als Film aus zersplittertem Gestein und Kies auf der Bodenoberfläche lagen, aber als er auf den Turm zulief, wurde der durch den Strahl verursachte Schaden schnell sichtbar ersichtlich.

In einer Entfernung von zweihundert Metern von der Basis blieb er erstaunt stehen. Warum überhaupt etwas vom Turm übrig blieb, war ein Rätsel, das nur durch den skelettartigen Charakter seiner Konstruktion erklärt werden konnte. Die Oberfläche rundherum war zerrissen wie durch ein Erdbeben, und bis auf ein Fragment der Kuppel oder der bombensicheren Lösung waren alle Spuren von Gebäuden verschwunden. In der Mitte des Kraters lag ein glitzernder See aus aussätzigem, geschmolzenem Blei, der seltsam schillerte. Ein breiter Pfad der Zerstörung, etwa fünfzig Meter breit, führte vom Ort der Störung zu dem Abgrund, gegen den der Strahl gekämpft hatte. Die Felswand selbst schien mit einer weißen Schicht oder einem Pulver bedeckt zu sein, was ihr einen geisterhaften Glanz verlieh. Außerdem hatte sich der Regen in Schnee verwandelt und bereits hatte sich das gesamte Aussehen des Tals verändert.

Bennie stand verwundert am Rande dieses Infernos. Ihm war kalt, er war ausgehungert und voller Entsetzen. Wie ein Blitz in einer Pfanne war der Mechanismus, der die Erde erschüttert und ihre Achse verschoben hatte, explodiert; und es gab nun nichts mehr, was die Geschichte erzählen könnte, denn ihr Erfinder war mit ihr in die Ewigkeit hinausgeflogen. Zu seinen Füßen war es einem bewussten Menschen vor nur zwölf Stunden dank seines gewaltigen Gehirns gelungen, eine Kraft zu erzeugen und zu kontrollieren, die in der Lage war, den Planeten selbst zu zerstören, und jetzt – –! Er war gegangen! Es war alles weg! Es sei denn, irgendwo in der Nähe schwebte inmitten der wirbelnden Schneeflocken etwas, das seine Seele sein könnte. Aber Pax würde keine Nachrichten mehr senden! Bennies Reise war umsonst gewesen. Er war einfach zu spät gekommen, um alles mit seinem Kollegen zu besprechen und die kleinen Verbesserungen an Hiroshitos Theorie zu besprechen. Pax war tot!

Er setzte sich müde hin und bemerkte zum ersten Mal, dass seine Ohren schmerzten. In seiner Depression und Aufregung hatte er den Ring völlig vergessen. Er fragte sich, wie er jemals nach Cambridge zurückkehren sollte. Und als er dann die Hand hob, um sein Glengarry zurechtzurücken, sah er, dass es unversehrt auf ihn wartete. Weit im Westen ruhte es gemütlich in seinem riesigen Nest aus Querbalken, wie der Kopf einer kolossalen enthaupteten chinesischen Mandarine. Mit einem unwillkürlichen Schrei rannte er das Tal hinunter, ohne auf seine Schritte zu achten. Näher und höher ragte das Stahlgerüst auf, auf dem die riesige Maschine ruhte. Keuchend stolperte er blind weiter, nur im Bewusstsein der bedeutsamen Tatsache, dass Pax' Geheimnis nicht verloren war.

Fünfzig Fuß über dem Boden ruhte, getragen von einem zylindrischen Bock aus Stahlträgern, die Karosserie des Wagens, die aus Aluminiumplatten in Form eines Ankerrings mit einem Durchmesser von etwa fünfundsiebzig Fuß bestand, während sie über der kreisförmigen Struktur des Rings selbst ruhte Er erhob sich zu einem Skelettturm, der wie ein Stativ aussah und auf seiner Spitze ein riesiges Metallgerät in Form eines Fingerhuts trug, dessen offene Öffnung nach unten durch die offene Mitte der Maschine zeigte. Offensichtlich muss dies der Traktor oder der Strahlungsmotor sein. Dort befand sich auch der thermische Induktor, der den zerfallenden Strahl auf das Atlasgebirge und die große Kanone von Von Heckmann gerichtet hatte, weit aus der Seite des Rings heraus auf einem Stahlgerüst geschwungen . Die ganze Angelegenheit ähnelte nichts, was er sich jemals in der Luft, auf der Erde oder im Wasser unter der Erde vorgestellt hatte, der bizarren Erfindung eines übermenschlichen Geistes. Es schien so fest verankert und unbeweglich wie der Eiffelturm, und doch wusste Bennie, dass sich das Ding in die Luft erheben und davonsegeln konnte wie ein Ball aus Distelflaum vor einer Brise. Er wusste, dass es das konnte, denn er hatte es mit eigenen Augen gesehen.

Ein paar weitere Schritte brachten ihn in die Mitte des Kreises aus Stahlträgern, die den Anlegesteg trugen. Hier war die Erdoberfläche zu seinen Füßen vollständig freigelegt und der darunter liegende Fels freigelegt worden, offensichtlich durch eine künstliche Einwirkung, den nach unten gerichteten Gasstoß des Traktors. Sogar der Fels selbst war durch die Entladung versengt worden; kleine Furchen, glattgeschliffen wie von einem Gebirgsbach, der vom Mittelpunkt in alle Richtungen strahlt. Mehr als alles andere erinnerte es Bennie an die Oberfläche eines Meteoriten, poliert und vernarbt von seinem Flug durch die Atmosphäre. Er hielt inne, erfüllt von einer Art Ehrfurcht. Der schönste Motor aller Zeiten wartete auf seine Inspektion. Das große Geheimnis lag allein bei ihm. Der Erfinder und seine Mitarbeiter waren blitzschnell ausgelöscht worden, und der Fliegende Ring gehörte ihm als Schatzkammer. Mitten in der Wildnis von Labrador stieß Prof. Benjamin Hooker aus Cambridge, Massachusetts, einen jubelnden Schrei aus, warf seinen Mantel ab und schwärmte die Stahlleiter hinauf, die zum Anlegesteg führte.

Er war etwa zur Hälfte hinaufgestiegen, als eine Stimme zwischen den Trägern widerhallte. Ein rotes Gesicht blickte über den Bahnsteigrand auf ihn herab.

"Hallo!" sagte das Gesicht. „Mir geht es gut, schätze ich."

Bennie hielt die Leiter fest umklammert, steif vor Angst. Er dachte zuerst daran, herunterzuspringen, überlegte es sich dann aber anders und kletterte, die Augen schließend, automatisch weiter die Leiter hinauf.

Dann packte ihn eine Hand unter dem Arm und hob ihn auf den ebenen Boden der Plattform. Er beruhigte sich und öffnete die Augen. Vor ihm stand ein Mann in einem blauen Overall, unter dessen Stirn, die von der Labrador-Sonne leuchtend rot gebrannt war, vage ein Paar blaue Augen hervorschaute. Der Mann schien darauf zu warten, dass der Besucher den nächsten Schritt machte. „Guten Morgen", sagte Bennie und kämpfte um Zeit. „ Nun ", er zögerte, „wo warst du, als es passierte?"

Der Mann sah ihn dumm an. "Was?" er murmelte. „Ich – ich scheine mich nicht zu erinnern. Sehen Sie – ich war im Kondensatorraum und baute die Ladung auf – für morgen – ich meine heute – sechzigtausend Volt an den Anschlüssen, und die Flüssigkeit klärte sich auf. Ich schätze, ich habe eine Minute lang aus dem Fenster geschaut, um das Feuerwerk zu sehen, und dann war ich irgendwie draußen auf dem Bahnsteig. Er beschattete seine Augen und blickte talabwärts auf den halb zerschmetterten, zerstörten Turm. „Der Wind und der Rauch!" er murmelte. „Der Wind und der Rauch – und der Staub in meinen Augen – und jetzt ist alles zur Hölle gegangen! Aber ich denke, jetzt ist alles in Ordnung, wenn du fliegen willst." Er berührte automatisch seine Mütze. „Wir können beginnen, wann immer Sie bereit sind, Sir. Sehen Sie, ich dachte, Sie wären auch weg! . Alles weg, bei Gott! Alles ausgelöscht! Nur ich und du sind noch übrig, Sir!" Er lachte hysterisch.

„Fledermäuse in seinem Glockenturm!" dachte Bennie. „Etwas hat ihn getroffen!"

Langsam wurde ihm klar, dass das halb betäubte Wesen dachte, er, Bennie Hooker, sei Pax, der Herr der Welt!

Er nahm den Kerl am Arm. „Komm rein", sagte er. In seinem Gehirn hatte sich bereits ein Plan entwickelt. Selbst wenn er wäre, wäre der Mann vielleicht in der Lage, seine üblichen Pflichten im Umgang mit dem Ring zu erfüllen. Es war nicht unmöglich. Er hatte von solchen Dingen gehört, und der Gedanke an die langen Märsche über das gefrorene Ödland und die gefährliche Kanufahrt entlang der Küste, im Gegensatz zu einem schnellen, ein oder zwei Stunden langen Ansturm durch die sonnenbeschienene Luft, gab dem Professor den Mut, der vielleicht nicht vorhanden wäre habe ihm sonst geholfen. Oben auf einer kurzen Leiter öffnete sich eine Falltür nach innen, und Bennie fand sich in einem kleinen Abteil wieder, das kaum groß genug war, um sich darin umzudrehen, von dem aus eine zweite Tür in den eigentlichen Ringkörper führte.

„Es ist alles in Ordnung – heute", sagte der Mann zögernd. „Ich habe – die Luftschleuse – gestern repariert, Sir. Das Leck – war hier – am Scharnier – aber es ist ziemlich dicht – jetzt." Er zeigte auf die Tür.

„Gut", bemerkte Bennie. „Ich werde mich umschauen und sehen, wie die Dinge sind."

Dies schien ihm äußerst sicher zu sein – und ermöglichte ein im Moment absolut notwendiges Ermittlungsprogramm. Sobald er das Geheimnis des Rings gelüftet und sicher sein konnte, dass der Teil des Gehirns des Kerls, der die Ausführung seiner üblichen Pflichten kontrollierte, nicht durch den Schock der Nacht zuvor geschädigt worden war, könnte es möglich sein, das gewagte Projekt durchzuführen hatte sich angedeutet.

Durch die Innentür der Luftschleuse betrat er den Kartenraum des Rings, stolpernd gefolgt von seinem Begleiter. Es war warm und gemütlich; die erste Wärme, die Hooker seit fast einem Monat erlebt hatte. Ihm wurde schwindelig, er ließ sich in einen Sessel fallen und zog seinen Glengarry aus. Der Überlebende der Explosion, der unbeholfen neben ihm stand, fummelte an seiner Mütze herum. Ab und zu rieb er sich den Kopf.

Bennie sank in die Kissen zurück und sah sich um. An der gegenüberliegenden Wand hing eine Weltkarte in der Mercator-Projektion, und von einem Punkt im Norden Labradors strahlten rote Linien in alle Richtungen aus, die große geschwungene Schleifen bildeten und zum Ausgangspunkt zurückkehrten.

„Die Flüge des Rings", dachte Bennie. „Da ist der Ort, an dem sie das Atlasgebirge zerstörten", folgte er mit seinen Augen dem purpurroten Faden, der diagonal über den Atlantik verlief, Spanien und das Mittelmeer durchquerte und in einer schmalen Schleife über der Küste Nordafrikas kreiste und wieder in seine ursprüngliche Spur zurückkehrte . Er hatte die Vision, das Auto für einen Nachmittagsausflug durch die Sahara, die düsteren Wälder des Kongo, in die Antarktis zu steuern und von dort rechtzeitig zum Nachmittagstee über die Osterinseln, Hawaii und Alaska nach Hause zu fahren. Aber warum hier aufhören? Was sollte eine Reise zum Mond verhindern? Oder Mars? Oder in die unbekannten Bereiche außerhalb des Sonnensystems – vielleicht in die vierte Dimension – oder sogar in die fünfte Dimension –

„Entschuldigen Sie", sagte der Maschinist plötzlich, „ich habe nur vergessen, ob Sie Zigarren oder Zigaretten nehmen. Sehen Sie, ich habe nur einmal als Tischpfleger fungiert, als Smith diese Verstauchung hatte." Seine Hände bewegten sich unsicher über die Regale jenseits der Karte. Das Herz von Professor Hooker machte einen Sprung.

„Zigarren!" er hätte fast geschrien.

Der Mann fand eine Schachtel Havanna und zündete ein Streichholz an.

Was für ein Glück! Und wenn es Tabak gab, musste es auch Essen und Trinken geben. Er fühlte sich seltsam beschwingt. Aber wie geht man mit dem Mann neben ihm um? Pax würde sicherlich nie die Fragen stellen, die er stellen wollte. Er rauchte schnell und dachte angestrengt nach. Natürlich könnte er so tun, als hätte auch er Dinge vergessen. Und das schien zunächst der einzige Ausweg aus der Schwierigkeit zu sein. Dann hatte er eine Inspiration.

„Schau her", bemerkte er ziemlich streng. „Ihnen ist etwas passiert. Sie sagen, Sie hätten vergessen, was gestern passiert ist? Woher soll ich das wissen, aber Sie haben alles vergessen, was Sie jemals wussten? Erinnern Sie sich an Ihren Namen?"

„Mein Name, Sir?" Der Mann lachte auf törichte Weise. „Warum – natürlich erinnere ich mich – an meinen Namen. Das würde ich – wahrscheinlich – nicht vergessen: Atterbury – ich bin Atterbury – Elektriker der *Chimaera* ." Und er richtete sich auf.

„Das ist in Ordnung", sagte Bennie, „aber was haben wir gestern gemacht? Was ist das Allerletzte, wozu du zurückkehren kannst?"

Der Mann runzelte die Stirn. „Das Letzte? Warum, Sir, Sie sagten uns, dass Sie – den Pol ein wenig umdrehen – und Europa einfrieren würden. Ich war hier oben und habe den Kondensator geladen –, als Sie mich von der Lichtmaschine abgeschnitten haben. Ich habe die geöffnet Ich schaltete den Schalter ein und schaltete das Elektrometer ein, um zu sehen, ob wir genug hatten. Als nächstes war alles bewölkt, und ich ging zum Fenster, um zu sehen, was los war.

„Ja", kommentierte Bennie zustimmend, „bisher alles in Ordnung. Was ist dann passiert?"

„Warum, danach, Sir, danach kam natürlich der Ray, und ähm – ich scheine mich nicht zu erinnern – oh ja, ein Kurzschluss – und ich rannte – raus auf den Bahnsteig – und vergaß das alles Gefahr! Danach ist alles durcheinander. Es ist wie ein Traum. Dein Heraufkommen – die Leiter – schien mich aufzuwecken." Der Maschinist lächelte verlegen.

Der Plan funktionierte gut. Professor Hooker lernte schnell.

„Glaubst du, dass wir beide die *Chimaera* wieder nach Süden fliegen können?" fragte er und untersuchte die Karte.

"Warum nicht?" antwortete Atterbury. „Der Balancer funktioniert – jetzt besser – und erfordert nicht viel Aufmerksamkeit – und Sie können den Kurs festlegen – und die Landung bewerkstelligen. Ich wollte heute Morgen eine frische Uranflasche in den Traktor stecken – aber ich – vergessen."

„Los geht's, schon wieder vergessen!" knurrte Bennie, der erkannte, dass seine einzige Entschuldigung, Fragen zu stellen, in dieser Fiktion lag. Und es gab noch viele, viele weitere Fragen, die er stellen musste, bevor er fliegen konnte. „Du scheinst heute Morgen in deinem Coco nicht ganz in Ordnung zu sein, Atterbury", sagte er. „Ich denke, wir werden uns die Sache ein wenig ansehen – zuerst den Kondensator."

„Sehr gut, Sir." Atterbury drehte sich um und tastete sich durch eine Tür, und sie gelangten zuerst in etwas, das wie ein Batterieraum aussah. Riesige Glastanks, gefüllt mit bernsteinfarbener Flüssigkeit , in denen zahlreiche parallele Platten gelagert waren, säumten die Wände vom Boden bis zur Decke.

Ein Amperemeter an der Wand erregte Bennies Aufmerksamkeit. „Weston Direct Reading AC Amperemeter", las er auf dem Zifferblatt. Wechselstrom! Was machten sie mit Wechselstrom im Batterieraum? Sein Blick folgte den Drähten entlang der Wand. Ja, sie sind zu den Anschlüssen der Batterie gelaufen. Ihm wurde klar, dass es hier etwas Ungeahntes in der Elektrotechnik geben könnte – einen Akkumulator für Wechselstrom!

Der Elektriker schloss eine Reihe von Schaltern, brachte die beiden polierten Messingkugeln des Entladers in Schlagdistanz, und augenblicklich brüllte ein blendender Funkenstrom zwischen den Anschlüssen. Er hatte Recht gehabt. Diese Batterie wurde nicht nur mit Wechselstrom aufgeladen, sondern lieferte auch eine Batterie mit hohem Potenzial. Er spähte in die Zellen und zermarterte sich den Kopf nach einer Erklärung.

„Atterbury", sagte er nachdenklich, „habe ich dir jemals erzählt, warum sie das tun?"

„Ja", antwortete der Mann. „Du – hast es mir gesagt – einmal. Die beiden Metalle – im Elektrolyten – fallen – auf die Platten – in abwechselnden Filmen – als – der Strom seine Richtung ändert. Aber du hast mir nie gesagt, was der Elektrolyt war – glaube ich nicht – Sie – wären jetzt dazu bereit, oder?"

„Hm", sagte Bennie, „irgendwann vielleicht."

Aber dieses Stichwort war alles, was er brauchte. Ein cleverer Plan! Pax hatte durch das Hin- und Herschwingen seines Ladestroms abwechselnd Schichten von molekularer Dicke aus zwei verschiedenen Metallen gebildet. Beim Entladen der Batterie gingen die Metalle in Lösung, wobei jede Platte abwechselnd positiv und negativ wurde. Er fragte sich, welchen Elektrolyten Pax verwendet hatte, der es ihm ermöglichte, an jeder Elektrode eine metallische Ablagerung zu erzielen. Und er fragte sich auch, warum die Metalle nicht legierten. Aber es würde ihm nicht genügen, zu lange bei einem bloßen Detail der Ausrüstung zu verweilen. Und er wandte sich ab, um seine Inspektionstour fortzusetzen, eine Tour , die den größten Teil des Vormittags in Anspruch nahm und bei der er eine gut gefüllte Galerie fand und sich eine Tasse Kaffee machte. [5]

Doch je mehr er über den Mechanismus des Rings erfuhr, desto größer wurden seine Bedenken, die Rückreise allein mit Atterbury durch die Luft anzutreten. Wenn sie gehen würden, müsste der Start innerhalb weniger Tage erfolgen, da der Kondensator seine Ladung nur verhältnismäßig kurze Zeit hielt und seine Energie für den Start des Rings erforderlich war. Im frisch aufgeladenen Zustand versorgte es den thermischen Induktor fast drei Minuten lang mit Strom, aber die auf den Platten abgelagerten Metallfilme lösten sich langsam in der Flüssigkeit auf, und nach drei oder vier Tagen war nur noch genug für einen 30-sekündigen Lauf übrig, kaum genug um den Ring von der Erde zu heben. Sobald sie in der Luft waren, trieb der Abwärtsstoß des Traktors eine Generatorturbine an, die auf einem Skelettgerüst in der Mitte des Rings montiert war, und der von dieser Maschine gelieferte Strom ermöglichte es dem Ring, seinen Flug auf unbestimmte Zeit fortzusetzen, oder bis der Uranzylinder zerstört war völlig zerfallen.

Doch es schien ebenso unmöglich zu sein, über den Weg zurückzukehren, auf dem er gekommen war. Es bestand kaum eine Wahrscheinlichkeit, dass die beiden Indianer zurückkehren würden; Sie waren wahrscheinlich schon dreißig Meilen auf dem Weg zurück zur Küste. Wenn er nur Thornton oder einige dieser Leute in Washington benachrichtigen könnte, würden sie vielleicht eine Hilfsexpedition schicken! Aber es würde Wochen dauern, bis ein Schiff die Küste erreichte, und wie könnte er in der Zwischenzeit überleben? Im Ring gab es nur für ein paar Tage Proviant, und das Lagerhaus im Tal war zerstört worden. Nur ein Flugzeug könnte das schaffen. Und dann dachte er an Burke, seinen Klassenkameraden – Burke, der sein Leben den Maschinen gewidmet hatte, die schwerer als Luft waren, und der seit seinem denkwürdigen Flug über den Atlantik in der *Stormy Petrol* ein Nationalheld war. Burke könnte ihn in zehn Stunden erreichen, aber wie sollte *er* Burke erreichen? Im Herzen der gefrorenen Wildnis Labradors könnte er sich, was die Kommunikation mit der zivilisierten Welt betraf, genauso gut auf einem anderen Planeten befinden.

Ein Sonnenstrahl schoss durch das Fenster und bildete einen ovalen Fleck auf dem Boden zu seinen Füßen. Das Wetter klarte auf. Er ging auf den Bahnsteig hinaus. Über uns erschienen Flecken blauen Himmels. Als er trostlos über das Tal zum Turm blickte, bemerkte er das Glitzern von etwas hoch in der Luft. Von der Spitze des Wracks aus verliefen fünf dünne, leuchtende Linien parallel über den Himmel und verschwanden in einer kleinen Wolke, die tief über der Klippenwand hing.

„Die Antennen !" rief Bennie aus. „Ein Funksignal an Burke." Burke würde kommen; er kannte Burke. Tausend Meilen über Land bedeuteten ihm nichts. Hatte er beim Club nicht fünftausend Dollar darauf gewettet, dass er zum Mast fliegen und Pearys Flagge zurückbringen würde – ohne Abnehmer? Burke würde ihn mit so wenig Mühe wie ein Taxi nach Hause bringen. Und dann erinnerte er sich entsetzt an die völlige Zerstörung im Tal. Die Funkanlage war mit dem Rest verschwunden. Er rannte zurück in den Kartenraum und rief Atterbury an.

„Können wir eine Nachricht nach Washington überbringen?" er forderte an. „Die Drähte sind noch oben und wir haben den Kondensator."

„Vielleicht, Sir, wenn nicht – eine lange, obwohl Sie immer gesagt haben, dass es gefährlich sei, den Motor laufen zu lassen, wenn das Auto festgeschraubt ist. Wir haben es gemacht, als die große Maschine eine Spule durchgebrannt hat. Ich kann werfen –" einen Draht – über die Antennen mit einer Rakete – und verbinden – mit der Turbinenmaschine. Es wird unsere Wellenlänge vergrößern, aber sie sollten uns abholen."

„Wir werden es auf jeden Fall versuchen", kündigte Bennie an.

Er untersuchte die Karte und maß die Entfernung einer Fluggesellschaft von Boston bis zu dem Punkt, an dem die roten Linien zusammenliefen. Es war etwas weniger als die Entfernung zwischen Boston und Chicago. Burke hatte das in neun Stunden auf der Probefahrt seines transatlantischen Eindeckers geschafft. Wenn die Maschine in Ordnung wäre und Burke morgens anfing, würde er bei Sonnenuntergang bei ihnen sein, wenn er sich nicht verirrte. Aber Bennie wusste, dass Burke seine Maschine durch Koppelnavigation steuern und bis auf wenige Meilen an ein tausend Meilen entferntes Ziel herankommen konnte.

Ein gedämpftes Brüllen draußen unterbrach seine Grübeleien, und als er wieder auf die Plattform hinauslief, fand er Atterbury dabei, wie er die Schnur des Aluminiumbandes, das die Rakete nach oben und über die Antennen getragen hatte , an einer der Bürstenstangen der Lichtmaschine befestigte.

„Fast fertig, Sir", sagte er. „Am besten verriegeln wir die Sturmriegel, um sie unten zu halten – für den Fall, dass wir das tun –, um den Strom zu drängen. Wir müssen den Generator – fast bis zum Anschlag – auf die richtige Drehzahl bringen ."

Ein kalter Schauer lief Bennie über den Rücken. Sie wollten den Motor starten! In einem Augenblick würde er einer Explosion von Zerfallsprodukten, die in der Lage wäre, die gesamte Maschine in die Luft zu heben, bis auf sechs Meter nahe sein, und sie sollte auf seinen Befehl hin gestartet werden, nachdem er zwei Jahre lang mit einem thermischen Induktor dieser Größe gearbeitet und gewerkelt hatte eines Fingerhutes! Er fühlte sich, wie er sich fühlte, bevor er einen hohen Sturzflug machte, oder wie er sich vorstellte, wie sich ein Soldat fühlt, wenn er zum ersten Mal unter Beschuss gerät. Wie würde es ausgehen? Übernahm er zu viel Verantwortung und verließ sich Atterbury auf ihn, wenn es um die Verwaltung der Details ging? Er fühlte sich außerordentlich hilflos, als er den Kartenraum erneut betrat , um seine Botschaft zu verfassen.

Er schaltete die elektrische Lampe ein, die über dem Schreibtisch hing, denn in der schnell hereinbrechenden Dämmerung lag das Innere des Rings in fast völliger Dunkelheit. Wie sollte seine Botschaft lauten? Es muss kurz sein, die Geschichte erzählen und vor allem fesselnd sein.

Zu ihm gesellte sich der Elektriker.

„Ich denke – wir sind jetzt alle – bereit", stammelte dieser. „Was werden Sie schicken, Sir?"

Bennie reichte ihm ein Stück gelbes Papier und Atterbury setzte eine dunkle Bernsteinbrille auf, um seine Augen vor dem Licht des Funkens zu schützen.

" *Thornton, Naval Observatory, Washington:*

„Gestrandet vierundfünfzig achtunddreißig nördlich, vierundsiebzig achtzehn westlich. Besorgen Sie sich die Ringmaschine. Bitten Sie Burke, sofort zu kommen. Leben und Tod zählen."

„ B. HOOKER ."

Atterbury las die Nachricht und blickte Hooker dann ausdruckslos an.

„Ich – verstehe – nicht", sagte er.

„Macht nichts, schick es. Ich erkläre es dir später." Gemeinsam gingen sie in den Kondensatorraum.

Atterbury brachte die Messingkugeln mechanisch in Kontakt, schob ein Bündel Eisendrähte halb durch den Kern einer großen Spule und schloss einen Schalter. Ein summendes Geräusch erfüllte die Luft, und ein paar Sekunden später drang ein gelber Lichtschein durch das Fenster. Ein Kegel aus leuchtendem Dampf schoss vom Traktor aus durch die Mitte des Rings nach unten. Zuerst war es sanft und neblig, aber sein Glanz nahm schnell zu, und ein dumpfes Rauschen, wie das eines Wasserfalls, gesellte sich zum Summen des Wechselstroms in den Drähten. Und nun drang ein drittes

Geräusch an seine Ohren, das Geräusch der Turbine, zuerst leise, dann aber allmählich ansteigend wie der Schrei einer Sirene, und der Boden des Rings unter seinen Füßen pochte vor Vibrationen.

Bennie vergaß den Dynamometer, vergaß seine Nachricht an Burke und war sich nur bewusst, dass er einen schlafenden Vulkan geweckt hatte. Dann ertönte das Knistern der Funken, und der Raum schien vom grellen Glanz der blauen Blitze erfüllt zu sein, denn Atterbury, die Telefone an den Ohren, starrte durch seine gelbe Brille und rief nach dem Marineobservatorium.

„NAA-NAA-P-A-X.“

Immer wieder sendete er den Ruf, während der Kondensator in der Zwischenzeit seine Ladung durch den Überstrom des Turbinengenerators aufbaute. Dann öffnete der Elektriker einen Schalter, und das Dröhnen draußen ließ nach und verstummte schließlich.

„Wir können nicht zuhören – bei laufendem Traktor“, ärgerte er sich. „Die statische Aufladung der Entladung würde unseren Detektor in Stücke reißen.“ Er warf das Empfangsgerät ein. Einen Moment lang sprachen die Telefone nur das Flüstern des arktischen Polarlichts, und dann war plötzlich der schwache Schrei des antwortenden Funkens zu hören. Bennie beobachtete die Worte, während der Elektriker mit seinem Bleistift auf dem Papier kritzelte.

„Ich warte auf dich. Warum schickst du nicht? NAA“

„Sie müssen uns schon einmal angerufen haben, als die Entladung zur Neige ging“, murmelte Atterbury. „Ich denke, wir können es jetzt – mit dem Kondensator – schicken.“

Er nahm den gelben Zettel, las ihn noch einmal durch und schleuderte die Botschaft, die er nicht verstand, ins Leere.

„OK, warte. Thornton“, kam als Antwort.

Zwei Stunden später kam eine zweite Nachricht:

„P-A-X. Burke macht sich bei Tagesanbruch auf den Weg. Erwartet, dass Sie um neun Uhr nachmittags eintreffen. Bittet Sie, wenn möglich, großes Leuchtfeuer zu zeigen.

„THORNTON, NAA“

"Hurra!" rief Bennie. „Gut für Burke! Atterbury, wir sind gerettet – gerettet, hörst du! Geh jetzt zu Bett und stelle keine Fragen. Und sag, bevor du gehst, kannst du mir vielleicht ein Glas Brandy besorgen.“

Es wurde beschlossen, dass Burke auf dem Plateau oberhalb der Klippe landen musste, und hier wurde das Material für das Feuer gesammelt. Es gab nicht genug davon und es war harte Arbeit, das Öl den steilen Pfad hinaufzutragen. Manchmal war Bennie fast verzweifelt.

„Es wird keine halbe Stunde brennen", sagte er und beäugte den Haufen. „Und wir sollten in der Lage sein, es die ganze Nacht durchzuhalten. Es gibt jede Menge Zeug im Tal, aber wir können nicht zulassen, dass er da runterkommt, mit dem Turm, den Antennen und dem ganzen anderen Chaos."

„Wir könnten ihm den großen Rochen zeigen", wagte Atterbury. „Das Ding – kann nach oben gerichtet werden – und ich kann – die Turbine am Laufen halten. Sie können – das Feuer – starten, sobald Sie – seine Motoren hören – und ich werde abschalten – sobald ich Ihr Feuer sehe."

"Gute Idee!" stimmte Bennie zu. „Laufen Sie nur nicht ununterbrochen. Zeigen Sie den Strahl jede Viertelstunde eine Minute lang und starten Sie auf keinen Fall, nachdem Sie das Feuer gesehen haben. Wenn er dachte, der vertikale Strahl sei ein Suchscheinwerfer, und durch ihn hindurchflog –" Bennie schauderte bei dem Gedanken daran, wie Burke mit seinem Flugzeug durch den Strahl flog, der das Atlasgebirge zertrümmert hatte.

So wurde es arrangiert. Eine halbe Stunde nach Sonnenuntergang schloss sich Atterbury im Ring ein, und während Bennie den Pfad hinaufstieg, der zu seinem Posten auf dem Plateau führte, hörte er das Knarren des großen Induktors, der sich langsam auf seinen Zapfen drehte .

Es war stockdunkel, als er den erbärmlich kleinen Haufen Reisig erreichte, den sie gesammelt hatten, und er goss etwas Öl darüber, setzte sich und zog eine Decke um seine Schultern. Er fühlte sich sehr allein. Angenommen, der Induktor funktioniert nicht? Angenommen, Atterbury hat den Strahl auf ihn gerichtet? Angenommen ... Aber seine Überlegungen wurden durch ein Geräusch aus dem Tal erschüttert, ein Geräusch wie das von austretendem Dampf, und einen Moment später schoss der Lavendelstrahl in Richtung Zenit. Bennie lag auf dem Rücken und beobachtete es, in Gedanken an die vorletzte Nacht, als er den Rochen vom Turm aus beobachtet hatte, wie er die Klippe hinunterstieg. Er fragte sich, ob er irgendwelche Meteoriten auf seinem Weg sehen würde, aber nichts erschien und der Strahl erstarb und ließ alles wieder in der Dunkelheit zurück. Fünfzehn Minuten vergingen und erneut schoss der geisterhafte Strahl in den Nachthimmel. Bennie blickte auf seine Uhr. Es war fast halb acht. Die Kälte machte ihn schläfrig. Er zog die Decke um sich...

Zwei Stunden später nahm er in seinen Halbträumen das schwache Geräusch wahr, nach dem er gelauscht hatte. Zunächst war er sich nicht sicher. Es könnte sich um den Turbinengenerator des Rings handeln, der noch einige Zeit nach Beendigung der Entladung durch seine eigene Trägheit läuft. Aber nein, es wurde für einen Moment lauter und schien aus großer Höhe zu kommen. Jetzt erstarb es zu einem Nichts, und jetzt nahm die Lautstärke zu und erstarb wieder. Aber bei jedem weiteren Wiederauftreten war es lauter als zuvor. Es gab keinen Zweifel mehr. Burke kam! Es war Zeit, mit dem Bürstenhaufen zu beginnen. Er zündete ein Streichholz nach dem anderen an, doch der Wind blies es aus. Doch die Maschine in der Luft kam immer näher, und das Dröhnen ihrer Zwillingsmotoren hallte durch die Stille der Labrador-Nacht. In seiner Verzweiflung warf Bennie sich flach auf das Gesicht neben den Reisighaufen und baute aus der Decke ein Zelt, unter dem es ihm schließlich gelang, zwischen den ölgetränkten Zweigen ein Feuer zu entfachen. Dann schob er das halb leere Fass ins Feuer, stand auf und starrte in den Himmel.

Die Maschine befand sich irgendwo direkt über ihm – genau dort, wo er es nicht sagen konnte. Plötzlich stoppten die Motoren. Er schrie schwach, rannte mit zum Himmel gerichteten Augen auf und ab und fiel mehrmals fast ins Feuer. Er fragte sich, warum es nicht erschien. Es schien Stunden her zu sein, seit die Motoren stehen geblieben waren! Dann tauchten unerwartet vor dem schwarzen Hintergrund des Himmels die großen Flügel der Maschine auf, die an ihrer Unterseite vom Licht des Feuers beleuchtet wurden. Leise drehte es sich auf seiner absteigenden Spirale umher, wurde sofort wieder von der Dunkelheit verschluckt und tauchte einen Moment später aus der entgegengesetzten Richtung wieder auf, dieses Mal tief unten, und steuerte direkt auf ihn zu. Er sprang hastig zur Seite und fiel flach hin. Die Maschine landete, hob sich ein- oder zweimal, während sie über den Boden lief, und kam zwanzig Meter vor dem Feuer zum Stehen . Ein Mann stieg aus, nahm langsam seine Schutzbrille ab und schüttelte sich. Bennie rappelte sich auf und rannte vorwärts, seinen Hut schwenkend.

„Na ja, Nutte!" bemerkte der Mann. „Was zum Teufel machst du *hier* ? Du hast wirklich einen Suchscheinwerfer!"

Wie Hooker und Burke unter der Führung von Atterbury, der allmählich seinen normalen Geisteszustand wiedererlangte, das Tal des Rings erkundeten und kartografierten, ist eigentlich kein Teil dieser Geschichte, die sich ausschließlich mit dem Ende des Krieges auf der Erde befasst. Aber am nächsten Tag, nach mehrstündigen Ausgrabungen in den Trümmern der Schmelze, in der Pax sein Uran aus der an der Klippe abgebauten Pechmischung gewonnen hatte, entdeckten sie acht Zylinder des Edelmetalls mit einem Gewicht von jeweils etwa hundert Pfund – dem Treibstoff der

Fliegender Ring. Jetzt waren sie in Sicherheit. Nein, mehr noch: Der universelle Raum gehörte ihnen, um darin zu verkehren.

Neugierig, warum Pax sich in dieser gefrorenen Wildnis isoliert hatte, untersuchten sie als nächstes die hohen Klippen, die das Tal im Westen abschlossen und an deren fast senkrechten Wänden er den Lavendelstrahl gespielt hatte. Wie Bennie bereits vermutet hatte, handelte es sich bei diesen Klippen um einen gigantischen Felsvorsprung aus Pechblende oder schwarzem Uranoxid. Er schätzte, dass die Natur in nur einem der Widerlager dieser Klippe mehr Uran gespeichert hatte als in allen bekannten Minen der ganzen Welt. Dieser radioaktive Berg war der Dreh- und Angelpunkt, mit dem dieser moderne Archimedes die Erde bewegt hatte. Die große Menge an Materie, die durch den Strahl zerfiel und mit einer Geschwindigkeit, die tausendmal größer war als die Explosion eines Belagerungsgeschützes, in den Weltraum geschleudert wurde, erzeugte einen Gegendruck oder Rückstoß gegen die Klippenwand, die so zum „Druckblock" der Klippe wurde Kraft, die die Rotationsperiode der Erde verlangsamt hatte.

Der Tag des Starts brach mit praller Sonne an. Von der Anlegestelle des Rings konnte Bennie die endlosen, mit Tannen übersäten Ebenen sehen, die sich nach Osten, Westen und Süden erstreckten und die natürliche Barriere für die vorherige Entdeckung von Pax' Geheimnis gebildet hatten. Über ihm schmiegte sich die Kuppel des Himmels an den Horizont wie eine riesige Muschel – eine Muschel, aus der er mit einem Schauer begriff, dass er sie knacken und entkommen konnte, wie ein Junge, der zum ersten Flug bereit ist. Und doch verspürte der kleine Bennie Hooker in diesem Moment des Triumphs die Bedenken, die unweigerlich diejenigen treffen müssen, die ihr Leben aufs Spiel setzen. Eine Stunde, und er würde entweder wie ein Phoebus nach Süden fliegen oder zerquetscht und verstümmelt in einer verworrenen Trümmermasse liegen. Sogar hier in dieser trostlosen Einöde kam ihm das Leben süß vor, und er hatte viel, so viel zu tun. War es nicht doch eine verrückte Sache, den komplizierten Mechanismus zurück in die Zivilisation zu steuern? Doch irgendetwas sagte ihm, dass er niemals zurückkehren würde, wenn er sein Schicksal jetzt nicht auf die Probe stellte . Er hatte größtes Vertrauen in Burke – vielleicht würde er seine Dienste nie wieder in Anspruch nehmen können – nein, jetzt oder nie. Er betrat die Luftschleuse, schloss und verriegelte die Tür und ging weiter in den Kartenraum.

Auf jeden Fall, dachte er, ging es ihnen nicht schlechter als Pax, als er seinen ersten Probeflug absolvierte, und sie arbeiteten mit einer bewährten Maschine, die auf höchste Effizienz eingestellt war und offenbar über automatische Stabilität verfügte. Atterbury war in den Kondensatorraum gegangen und wartete auf den Startbefehl, während Burke die letzte Einstellung der Gyroskope vornahm, die den Ring auf seinen vorgegebenen Kurs bringen würde. Er kam durch die Tür und gesellte sich zu Bennie.

„Hooker", sagte er, „wir werden sicher etwas Erfahrung haben. Wenn ich verhindern kann, dass sie sich umdreht, denke ich, dass ich es schaffen kann. Die Probleme werden auftreten, wenn wir den Traktor schräg stellen. Ich weiß nicht, wie." Vieles hängt vom atmosphärischen Ventil ab und wie viel von mir. Die Dinge können schnell gehen. Wenn wir umdrehen, sind wir erledigt.

Er streckte Bennie seine Hand entgegen, die er zitternd ergriff.

„Nun", bemerkte der Flieger und warf seine Zigarette weg, „wir könnten genauso gut jetzt sterben wie jederzeit!"

Er ging schnell zum Sprechrohr, das mit dem Kondensatorraum verbunden war, und blies scharf hinein.

„Lass sie gehen, *Gallagher*!" er leitete.

"Mein Gott!" rief Bennie. „Warte einen Moment, nicht wahr?"

Aber es war zu spät. Zitternd packte er die Reling. Ein summendes Geräusch erfüllte die Luft und die Gyroskope begannen sich langsam zu drehen. Er schaute durch das Fenster zum Traktor hinauf, aus dem blasse Dampfstreifen mit einem Geräusch schossen, als würde Dampf austreten. Irgendwie schien es lebendig zu sein.

Der Ring pochte, als wäre auch er mit Leben erfüllt. Der Auswurf des Traktors hatte sich zu einem gedämpften Brüllen gesteigert. Am ganzen Körper zitternd ging Bennie zum Innenfenster und blickte über den Innenraum des Rings. Noch war das gelbe Leuchten der Entladung kaum sichtbar, aber die Stahlwände des Rings tanzten und bebten und bewegten sich in Wellen, und als die Intensität der Explosion zunahm und die Turbine begann, sich zu drehen, wurde alles draußen plötzlich verschwommen und undeutlich .

Bennie ließ sich auf die Knie fallen und schaute durch das Beobachtungsfenster im Boden nach unten. Eine blendende Wolke aus gelbem Staub trieb in Form eines riesigen Rings vom Fuß der Anlegestelle weg und davon. Die Erde zu ihren Füßen war in Dampfwirbeln verborgen ; und Wellen aus Licht und Schatten jagten einander in alle Richtungen nach außen, wie Schatten auf dem Grund eines sandigen Teichs, der von einer Brise bewegt wird. Ihm wurde schwindelig, als er dort hinunterschaute, und er stand vom Fenster auf. Burke stand grimmig am Steuerpult, ohne Rücksicht auf seinen Kollegen. Bennie ging auf die andere Seite, und als er an den Gyroskopen vorbeikam, blies die Luft der schnell rotierenden Scheiben seine Haare zurück. Durch den Tumult, der durch die Mitte des Rings tobte, konnte er nichts sehen, wie ein Niagara aus heißem Dampf, durch den ein blassgelbes phosphoreszierendes Licht strömte. Der Boden bebte unter seinen Füßen, und unheilvolle Knarr- und Knackgeräusche hallten durch die Außenhülle, als die Stahlträger des Landungsstegs nach und nach von ihrem Gewicht befreit wurden. Gerade als es ihm vorkam, als würde alles auseinanderfallen, herrschte plötzlich Stille, bis auf das Surren der Maschinen, und Bennie spürte, wie seine Knie unter ihm sanken.

„Wir sind los!" rief Burke. "Achtung!"

Der Boden schwankte, als der vom Traktor angehobene Ring wie ein Pendel hin und her schwang. Bennie warf sich auf den Bauch. Die Erde fiel von ihnen ab wie ein Stein. Er verspürte ein ekelhaftes Gefühl.

„Schon zweitausend Fuß", keuchte Burke. „Das atmosphärische Ventil ist auf fünftausend eingestellt. Ich mache es auf zehn! Das gibt uns mehr Raum zum Erholen, wenn – falls überhaupt etwas schief geht!"

Er drehte den Knopf noch einmal halb um und legte seine Hand leicht auf den Hebel, der die Bewegungen des Traktors steuerte. Bennie lag flach am Fenster und blickte nach unten. Der große Staubring zeichnete sich undeutlich durch einen blauen Dunst ab, nicht mehr direkt unter ihnen, sondern eine Viertelmeile nördlich. Offensichtlich stiegen sie nicht vertikal auf.

Das Tal des Rings sah aus wie ein schwarzer Spalt in einer grüngrauen Wüste aus Stein und Moos, die Anlegestelle wie ein winziges Vogelnest. Der Boden des Wagens bewegte sich leicht von einer Seite zur anderen. Burkes Gesicht war grau geworden und er ging unsicher in die Hocke und umklammerte mit einer Hand eine Stahlklammer an der Wand.

"Mein Herr!" murmelte er mit trockenen Lippen. "Mein Herr!"

Bennie, der für einen Moment mit der Vernichtung rechnete, kroch auf allen Vieren an Burkes Seite.

Die Nadel des Manometers zeigte neuntausendfünfhundert Fuß an und näherte sich schnell der nächsten Division. Plötzlich spürte Burke, wie sich der Hebel unter seiner Hand langsam bewegte, als ob er von einer äußeren Intelligenz betätigt würde, und im selben Moment schwang die Achse eines Gyroskops langsam in einer horizontalen Ebene um einen Winkel von fast neunzig Grad, während die des anderen leicht abfiel die Vertikale. Beide Männer hatten das schreckliche Gefühl, dass der Geist von Pax irgendwie zurückgekehrt war und die Kontrolle über das Auto übernommen hatte. Bennie drehte die Karte unter dem Gyroskop, bis die feine schwarze Linie auf dem Zifferblatt wieder über ihrem Ziel lag. Dann kroch er wieder an sein Fenster zurück. Die Erde, tief unten und nur schwach sichtbar, glitt langsam nach Norden, und der Staubring, der ihren Ausgangspunkt markierte, lag jetzt als abgeflachte Ellipse am fernen Horizont. Unter und hinter ihnen zog auf ihrem Flug ein dünner Streifen blassbläulichen Nebels nach – die Spur des Fliegenden Rings.

Sie versengten nun die Atmosphäre in einer Höhe von fast zwei Meilen, und das Auto flog auf festem und gleichmäßigem Kiel. Außer dem dumpfen Dröhnen des Traktors und einem leichten Summen vom Vibrieren der leichten Stahlseile war kein Geräusch zu hören. Bennie verspürte kein unangenehmes Gefühl mehr. Eine seltsame Distanziertheit beherrschte ihn. Dunkle Wälder, Seen und ein mächtiger Fluss tauchten im Süden auf – der Moisie – und sie folgten ihm wie ein Fischfalke , bis die Wildnis vor ihnen aufbrach und sie die weite Ausdehnung des Sankt-Lorenz-Stroms sahen, der von Rauch durchzogen war von Ozeandampfern.

Und dann verlor er zum ersten Mal die Kontrolle über sich selbst und schluchzte wie eine Frau – nicht aus Angst, noch Müdigkeit, noch Aufregung, sondern vor Freude – der Freude des wahren Wissenschaftlers, der die Wahrheit gesucht und gefunden hat, der sie erreicht hat Menschheit, die es ohne ihn vielleicht für immer gefehlt hätte. Und er sah zu Burke auf und lächelte.

Letzterer nickte.

„Ja“, bemerkte er prosaisch, „das ist sicher ein bisschen in Ordnung! Alles zum Guten!“

EPILOG

Währenddessen waren in den Wochen, in denen Hooker damit beschäftigt war, das Tal des Rings zu finden, in der Weltpolitik unglaubliche Dinge geschehen. Obwohl Pax die Verschiebung des Pols und die Umwandlung Mitteleuropas in die arktische Zone angeordnet und eine weitere Kommunikation mit der Menschheit abgelehnt hatte, waren alle Nationen – und keine davon eifriger als die Deutsche Republik – sofort dazu übergegangen ziehen ihre Armeen innerhalb ihrer eigenen Grenzen zurück und zerstören unter der persönlichen Aufsicht einer Generalkommission alle ihre Waffen und Kriegsmunition. Die Lydditbomben, die von den Krupps in großen Mengen für die Staffelkanone und alle anderen Sprengstoffe hergestellt wurden, wurden zur Zerstörung der Festungen an allen Grenzen Europas eingesetzt. Der Inhalt jedes Arsenals wurde auf Lastkähne verladen und mitten im Atlantik versenkt. Und jede Form der militärischen Organisation, Dienstgrad, Dienst und sogar Uniform wurde auf der ganzen Welt abgeschafft.

Unter einer einzigen Regierung wurde eine Koalition von Nationen gebildet, die als Vereinigte Staaten von Europa bekannt ist und in Zusammenarbeit mit den Vereinigten Staaten von Nord- und Südamerika, Asien und Afrika einen jährlichen Weltkongress in Den Haag organisierte. und die ihre Dekrete mittels einer internationalen Polizei durchsetzte. Tatsächlich gerieten alle Bewohner der Welt unter eine einzige Kontrolle, soweit es die Sprache und die geografischen Grenzen zuließen. Jeder Staat setzte lokale Gesetze durch, aber alle gehorchten dem höheren Gesetz – dem Gesetz der Menschheit – das auf der ganzen Erde einheitlich war. Wenn jemand gegen das Gesetz einer Nation verstieß, galt er als Verstoß gegen alle und wurde als solcher behandelt. Die internationale Polizei brauchte keine Auslieferungsverträge. Der nach Nairobi geflüchtete New Yorker Unterschlager wurde selbstverständlich und unverzüglich zurückgeschickt.

Jeder Mensch konnte gehen und leben, wo er wollte, produzieren, kaufen und verkaufen, wie er es für richtig hielt. Und weil die Angst und der Schatten des Krieges verschwunden waren, wurden die Nationen über die Vorstellungskraft der Menschen hinaus reich; Überall entstanden große Krankenhäuser und Forschungslabore, Universitäten, Schulen und Kindergärten, Opernhäuser, Theater und Gärten aller Art, bezahlt für niemanden, der genau wusste, wie. Die Nationen hörten auf, Dreadnoughts zu bauen, und schickten stattdessen mit dem Geld große Truppen von Kindern und Lehrern um die Welt. Der Besitz oder die Herstellung von Waffen, mit denen Menschen getötet werden könnten, verstießen gegen das Gesetz. Und weil die Nationen nichts voneinander zu befürchten hatten und weil es keine intriganten Diplomaten und Bürokraten gab, die von imaginären Gegensätzen leben konnten, vergaßen die Menschen, dass sie Franzosen, Deutsche, Russen oder Engländer waren, genau wie die Menschen in den Vereinigten Staaten Die Staaten Amerikas hatten die Tatsache, dass sie aus Ohio, Oregon, Connecticut oder Nevada stammten, schon lange praktisch außer Acht gelassen. Russen mit schwachen Kehlen ließen sich ganz selbstverständlich in Italien nieder, und Spanier, die deutsche Küche mochten, ließen sich in München nieder .

Das alles geschah natürlich nicht auf einmal, sondern ergab sich ganz natürlich nach der Abschaffung des Krieges. Und nachdem es fertig war, fragten sich alle, warum es nicht schon zehn Jahrhunderte zuvor getan worden war; und die Menschen waren so daran interessiert, alle Relikte dieser verabscheuungswürdigen Beschäftigung, der Kriegsführung, zu zerstören, dass sie fast vergaßen, dass der Mann, der die Erde erschütterte, damit gedroht hatte, die Achse des Globus zu verschieben. Als also der von ihm festgelegte Tag kam und alles so blieb, wie es immer war – und alle noch immer Leinenunterwäsche in Strassburg und Flanellhosen in Archangel trugen –, dachte niemand groß darüber nach oder äußerte sich zu der Tatsache, dass der Fliegende Ring war nicht mehr zu sehen. Und der einzige wirkliche Unterschied bestand darin, dass man in Marseille einen P. & O.-Dampfer nehmen und ein Durchgangsticket nach Tasili kaufen konnte Ahaggar – wenn man dorthin wollte – und dass die Ufer der Sahara zur Riviera der Welt wurden, voller Kurorte und Badeorte – so dass Pax nicht umsonst gelebt hatte, noch Thornton, noch Bill Hood, noch Bennie Hooker und keiner von ihnen.

Das Ganze ist eine Aktensache, so wie es sein sollte. Die Beratungen der Konferenz Nr. 2 endeten, genau wie von Helmuth und von Koenitz beabsichtigt, in einem Trubel, und die Protokolle ihrer Diskussionen erwiesen sich als nicht im geringsten wissenschaftlich wertvoll. Aber in den Akten des alten Kriegsministeriums – das jetzt Ministerium für die Linderung von Armut und menschlichem Leid heißt – können die zwischen dem Diktator des menschlichen Schicksals und dem Präsidenten der Vereinigten Staaten ausgetauschten Nachrichten zusammen mit allen Berichten und Beobachtungen nachgelesen werden dazu gehören auch Professor Hookers Bericht an das Smithsonian Institute über seine Reise ins Tal des Rings und was er dort fand. Nur das Geheimnis des Ringes – der thermischen Induktion und des atomaren Zerfalls – kurz, des Lavendelstrahls, ist sein Entdeckungsrecht oder seine Schatzkammer oder was auch immer, und das gilt auch für sein Patent auf Hookers Weltraumnavigationsauto. in dem er anschließend das Sonnensystem und die äußersten Regionen des Sternäthers erforschte. Aber das soll später erzählt werden.

DAS ENDE

[1] Die Deutschen waren nicht bereit, auf die Verwendung der Wörter „Empire" und „Imperial" zu verzichten, selbst nachdem sie eine republikanische Regierungsform angenommen hatten.

[2] Auch der Präsident der Vereinigten Staaten stimmte dagegen.

[3] Bis zum Datum des Waffenstillstands.

[4] Entlang der Küste von St. Lawrence und Labrador wird ein Lachsfischer von Einheimischen und Einheimischen immer als „Offizier" bezeichnet, da die meisten Sportler, die diese Gewässer besuchen, englische Armeeoffiziere sind. Daher werden Lachsfischer allgemein als „Offiziere" bezeichnet, und ein Einwohner wird die Sportler, die einen bestimmten Fluss gepachtet haben, als „ *les officiers de la Moisie* " oder „ *les officiers de la Romaine* " bezeichnen.

[5] Er kletterte sogar mit Atterbury bis zur Spitze des Traktors, wo er entdeckte, dass seine ursprüngliche Vermutung richtig gewesen war und dass das Auto aufgrund des Gegendrucks der Strahlungsentladung eines massiven Zylinders wie eine Rakete von der Erde aufstieg Uran im Traktor enthalten. Auf diesen Block spielte ein zerfallender Strahl eines kleinen thermischen Induktors, dessen innere Konstruktion er nicht bestimmen konnte, obwohl sie sich offensichtlich von seiner eigenen unterschied, und die Spulen waren auf eine seltsame Weise gewickelt, die er nicht verstand. An Hiroshitos Theorie könnte doch etwas dran sein . Der Zylinder des Traktors zeigte direkt nach unten, so dass die Explosion durch die Mitte des Rings abgegeben wurde, er konnte jedoch um einen kleinen Winkel in jede Richtung geschwenkt werden, und durch diese leichte Ablenkung wurde die horizontale Bewegung der Maschine sichergestellt. Das vielleicht interessanteste Merkmal des Mechanismus war, dass der Ring anscheinend über eine automatische Stabilität verfügte, da der Richtungswinkel, in den der Traktor zeigte, nicht nur durch ein Paar Gyroskope gesteuert wurde, die den Ring auf einem gleichmäßigen Kiel hielten, sondern auch durch ein manometrisches Ventil, das ihn in einer festen Höhe über der Erdoberfläche fliegen lässt. Sollte er ansteigen, schwenkte der verminderte Druck der Atmosphäre, der auf das Ventil wirkte, den Traktor mehr zur Seite, und die horizontale Beschleunigung erhöhte sich somit auf Kosten der vertikalen.

www.ingramcontent.com/pod-product-compliance
Lightning Source LLC
Chambersburg PA
CBHW051436140726
47987CB00006B/2394